JN237751

すべての お金の悩みを 永久に 解決する方法

ビクター・ボック／弓場 隆［訳］

サンマーク出版

予告

あなたは経済的安定を手に入れたいですか？

もし、そうなら**本書の手法を活用すれば、お金の流れを確実によくすることができます。きっと、これはあなたの人生で初めての体験になることでしょう。**

心の準備をしてください。いったんこの流れが始まると、お金はひじょうに速く、しかも大量にやってきます。心の準備をしておかないと、ショックを受けるかもしれません。

あらかじめ、この予告を肝に銘じてください。


私たちはほんの数年前までと異なる世界に暮らしています。近年の経済的混迷によって情勢が一変する中で、新しい課題に直面しています。

しかし、周囲を見渡すと、人びとはいまだにお金の奴隷になって苦しんでいるのが現状です。

そんなわけで、本書の必要性はますます強まっているように感じています。

私は、本書が人びとの豊かな暮らしづくりに役立つことを確信しています。なぜなら、老若男女を問わず万人が社会に貢献するのを手助けする力を秘めているからです。

簡単でわかりやすい内容ですので、どうか安心してください。**すでに大勢の人が本書を読み、**

お金の悩みを解決して心の平和を得ています。あなたがその仲間入りを果たすことを切に願う次第です。

どんな経緯で入手したかに関係なく、現在、本書はあなたの世界の一部になっています。自覚しているかどうかにかかわらず、これはあなたにとって重大な出来事です。**いつか本書との出合いを運命として祝福することでしょう。**

ビクター・ボック

はじめに　お金の悩みを解決し、人生を劇的に変える方法

今、あなたは人生を変えることができる情報を手にしています。見た目はごくふつうの形式ですが、他のどの本とも違う画期的なことが書かれています。

あなたは賢明にも本書を入手しました。ここに書かれていることは、人生でもっとも重要な情報となるでしょう。

あなたが誰であれ、どんな経験をし、能力の有無に関係なく、お金の悩みから永久に解放されます。本書の指示にしたがえば、長年の夢がついに実現するのです。

これからお金の秘密を公開しましょう。この情報をどう扱うかは、あなた次第です。もしこれを無視するなら、人生は今までどおりです。しかし、もしこの情報にもとづいて行動を起こすなら、人生は劇的に変わります。

あなたにとって、今日は新しい人生の幕開けです。お金の悩みから解放され、自由を謳歌《おうか》し新しい生き方をすることになります。お金の心配をする必要はもうありません。欲しいだけのお金をいつでも手に入れることができるのですから。

経済的自由を得ることは、とても魅力的です。本書を読んでいるとき、チャンスはあなたの

ドアをノックしています。

ぜひ知ってほしいことがたくさんあります。しかし、これまで信じてきたことのために反発しないでください。**固定観念をしばらく忘れて、素直に学ぶという姿勢で本書を読んでほしいのです。**あなたはお金についてもうすでによく知っていると思っているかもしれませんが、私はあなたを手助けできると確信しています。

ただし、私の言葉をうのみにせず、身をもって証明してください。私はあなたの人生について何も証明しませんし、することができません。証明責任はあなたが負っています。私にできるのは、事実を提示することだけです。

あなたは本書の内容が非常識でバカげていると思い、そっぽを向くかもしれません。たしかに、私の考え方はあなたの従来の考え方と相いれないでしょう。しかし、本書の方法は必ず役に立つことを保証します。実際、これがうまくいかないはずがありません。

自分の人生をよく見てください。

あなたは今の経済状態に満足していますか?

これまでなしとげたことを誇りに思っていますか?

これから進んでいく方向に幸せを感じていますか?

ほとんどの人は人生がどこか満たされていないと感じています。あなたも人生に不満を抱いているとでしょう。
十九世紀の思想家ヘンリー・デイヴィッド・ソローは、「大多数の人はひそかに絶望しながら生きている」と言いました。これは今でも真実です。

ほとんどの人にとって、絶望の大半はお金と深くかかわっています。人びとはお金を十分にもつことができませんし、たとえできても、すぐに失ってしまいます。多くの人にとって、お金は心配の種です。どんなにがんばっても、お金の悩みが絶えずつきまとい、たいへん苦労しています。まるでいつも拷問にかけられているような心境です。

次の問いを自分に投げかけてください。

- お金のことでいつも心配していませんか？
- 生計を立てていけるかどうか心配していませんか？
- 家族を養っていけるかどうか心配していませんか？
- 五年後、十年後、二十年後の自分の経済状態を心配していませんか？
- お金の心配をしてエネルギーを浪費するのをやめたいと思いませんか？
- お金に翻弄《ほんろう》される生き方をやめたいと思いませんか？
- お金がどんどん入ってくるようにしたいと思いませんか？

希望に満ちた明るい未来を想像してください。ついに無意味な苦しみから脱して、有意義な活動にエネルギーを注ぐことができるのです。

あなたは、今まで挑戦できなかった夢や目標に取りかかることができます。家族や友人と過ごして関係を深めることができます。したいことをいつでもすることができます。それでも心配事はあるかもしれませんが、少なくともお金の心配とは無縁になります。

昨今、ストレスの話題をよく耳にします。誰もがその悪影響を知っていますが、お金の問題でいつも頭を抱えているのに、どうやってストレスを解消できるでしょうか。人生がうまくいっていないのに、どうやってリラックスできるでしょうか。

ここで重大な質問です。

人生を立て直して軌道に乗せたいですか?

もしそうなら、ぜひ本書を読んでください。

お金の悩みをすべて永久に解決する方法を伝授しましょう。「相乗方式」を含め特別な方法をいくつか紹介します。あいまいな指示を出して困惑させるようなことはしません。何をすべきか、どうやって始めたらいいかを正確かつ具体的に提示します。

本書の方法はとても簡単です。読んでいて楽しい気分になるはずです。始めるのに元手はいりません。大胆な主張ですが、すべて真実です。

ただし、本書は最初から順番に読んでください。おもしろそうなところだけを選んで飛ばし読みをしないでほしいのです。各章の内容は理解しやすいように配列されています。前章にもとづいて次章が展開されていますから、順々に読み進めていく必要があります。

本書を読む際には、次の三点を念頭においてください。

1　本書を読んで学んだ時間を後悔することは絶対にありません。

2　本書の指示はわかりやすく、しかも実行しやすく書かれています。

3　めざましい成果が確実に得られます。

では、ワクワクしながら読んでください。あなたは新しい旅の出発点に立っています。今日は新しい人生の最初の日です。あなたの経済状態はこれからみるみる向上します。

さっそく祝ってください。あなたはついにお金の悩みをすべて永久に解決する方法を見つけたのですから。

すべてのお金の悩みを永久に解決する方法

もくじ

第2部 お金を引き寄せる力を最大化する

第6章 より早く豊かさを実現するための具体的な方法……155

第3部 お金を引き離す力を最小化する

第4部

お金の悩みを永久に解決する

装丁・本文デザイン　轡田昭彦＋坪井朋子
編集協力　逍遙舎
編集　武田伊智朗（サンマーク出版）

第1部

お金についてあなたが知っておくべきこと

第1章

お金はあなたを幸せにするエネルギー

お金の前では誰もが身構える

数年前、ニューヨークにあるコロンビア大学の研究チームが、興味深い研究を行いました。二～三週間、いくつかの銀行のロビーにたたずみ、人びとが中に入って取引する様子を観察し、表情や目の動き、仕草、行動などのデータを記録したのです。

研究の結果、ほとんどの人は銀行に足を踏み入れると同時にとても緊張することがわかりました。お金がたくさん集まる神秘的な場所に入った瞬間、人びとはひじょうに真剣な気持ちになるのです。

この研究チームは他のさまざまな場所でも同様の観察をし、真剣さや敬意といった要素を探しましたが、それが銀行ほど顕著になる場所は他にありませんでした。銀行以外の場所、たとえば教会でも、人びとはそんなに身構えなかったのです。

この研究で、人びとがもっとも身構える状況は、お金を扱うときだという事実が判明しました。**人間はお金をたいへん重大な関心事とみなし、崇拝に近い態度をとるのです。**

われわれがお金に力を与えているだけ

すべての人にとって、こんなに大きな意味をもつお金とは、いったい何でしょうか？

通常、人びとがお金のことを思うとき、お金についての考え方には意識を向けず、それを手に入れる方法、使う方法、ためる方法に興味を抱きます。つまり、ほとんどの人はお金の本質について考察しようとせず、お金のことばかり考えて過ごしているのです。

自分の財布から一ドル紙幣を抜き出し、それを見て感じてください。何が見え、何を感じますか？　手で持っている紙がお金の本質だと思いますか？

一ドル紙幣を手に持ったとき、どんな感情がわき起こりますか？　その感情を引き起こしているものは何だと思いますか？　金融機関に行くと厳粛な気持ちになるのはなぜですか？　一ドル紙幣を見ると、ぱっと目が開くのはなぜですか？　たった一枚の紙切れがそんな感情を引き起こしていると思いますか？

ほとんどの人はお金が単なる紙や金属だと思っているようですが、それは違います。紙や金属は一定の価値を表す象徴にすぎません。紙や金属は力をもたない物体であり、私たちがそれらに力を与えているだけのことです。

紙や金属を特別なものにしているのは、私たちが他の人たちと合意を交わしているからにほかなりません。紙や金属に価値を与えているのは、私たちにとってそれが何かを意味しているからです。

ただし、お金をドルや円、ユーロ、ポンドなどの通貨と混同しないでください。通貨には衣服や食物や住居のような固有の価値はありません。せいぜい、それが通用する国にいるかぎり、価値のあるものと交換できるという程度です。

お金を通貨とみなすなら、たいへん重要な本質を見落としてしまいます。お金は物体ではなく、アイデアであり、コンセプトであり、コミュニケーションなのです。

紙幣と硬貨はお金そのものではありません。たしかにこれらはお金を表していますが、それ自体はお金ではないのです。お金とは、その物体の根底にあるものを意味しています。この奥深い神秘こそがお金の正体です。

お金をどのように見るか

お金には多くの「顔」があります。人によってお金のとらえ方はさまざまです。人びとがお金について考えるもっとも一般的なとらえ方のいくつかを紹介しましょう。

1 「安定」の象徴

お金は、過酷な世の中で自立し、「安定」を得るのを助けてくれるありがたいものとみなすことができます。お金がなければ、荒野に放り出されて狼《おおかみ》の餌食《えじき》になったり、人生の敗残者が行く場所に入れられたりします。お金がなければ、自分の生活をコントロールする能力も、ひどい仕打ちをする無情な人たちから身を守るすべもありません。

一般に、貯金がたくさんあり、正業に就いていれば、生活が安定するといわれています。お金があれば、心配や孤独のような不快な感情を打ち消すことができます。お金によって人にしてほしいことをお願いすることもできます。健康ですら、手厚い医療の恩恵を得られるかどうかはある程度お金に左右されるほどです。

暮らしに支障をきたしたときでも、お金があれば問題解決に必要なものを買って生活を安定させることができます。実際、医者や弁護士、会計士、セラピストなどの世話になろうとすると、必ずお金がかかります。こんなふうに考えると、お金は「安定」であるといえます。

2 「問題」の象徴

お金について考えるとき、あなたはそれを「問題」とみなすでしょう。これが心配の原因になるのです。実際、あなたは、どうすればもっとお金を稼げるか、どうすればお金を失わずにすむかを考え、絶えず心配しています。ほとんどの人にとって、お金は悩みの種です。

たしかに、お金を問題とみなすのは一般的な態度ですが、そういう認識は正確ではありません。本来、お金はその性質上、問題になるものではないからです。

お金を問題とみなしても、何の得にもなりません。お金について絶えず心配すると、「強欲」と「欠乏」にもとづく破滅的な信念体系に呪縛《じゅばく》されるだけです。こういう価値観は間違いであるばかりか逆効果ですらあります。お金を問題とみなすと、お金は本当に問題になります。お金に対して否定的な見解をもつと、お金はますます手に入りにくくなるからです。お金それ自体は問題ではなく、そうである必要もありません。

3 「権力」の象徴

現代社会では、お金のある人は「尊敬」と「忠誠」と「服従」の対象になります。言い換えると、お金は「権力」を意味しているのです。

お金のある人は、経済的にゆとりのあるオーラが出ています。実際、したいことを好きな人といつでもすることができます。お金のある人は、欲しいものを買う「権力」をもっているのです。それはこんな具合です。

新しい洗濯機が欲しい？　では、すぐに買いましょう。

もっといい車が欲しい？　では、これから見積もりをしましょう。

もっといい家が欲しい？　では、さっそく見学に行きましょう。

こういう視点に立つと、すべてのものには「値札」がついていることになります。友情や結婚ですら、ある程度のお金が基盤になっているのではないでしょうか。**通常、交際や愛情は金銭の授受をともないませんが、そういうものが成り立つ状況をつくるには最低限の経済力も必要です。**

お金のある人は、購買力や交際力の欠如を心配する必要がありません。お金のある人は、それらのものを手に入れる「権力」をもっているのです。

4　「約束」の象徴

お金を交換の手段として使うとき、あなたはお金の価値について他人と暗黙の合意を交わしています。そういう意味で、お金は「約束」だといえます。すなわち、紙幣や硬貨は一定の価値を表しているという認識による「約束」です。

誰かから一ドル紙幣を受け取るとき、あなたは「約束」を受け取っています。紙切れそのものは何の役にも立ちませんが、あなたは今後それを使うと決めたときに誰かが受け取ってくれるという前提でその紙切れを受け取っているのです。

金本位制が廃止されて以来、中央銀行が発行する紙幣は、もはや金に裏打ちされていません。

つまり、現代の紙幣は兌換《だかん》紙幣ではなく不換紙幣なのです。したがって、あなたが日ごろ使っている紙幣は、暗黙の了解によって価値が維持されているにすぎません。こういう紙幣を使うとき、あなたは人びとが今後もそれを使いつづけるという「約束」にもとづいて紙幣を使うことになります。

5 「エネルギー」の象徴

お金は現代社会のあらゆる交流に一定の影響をおよぼしています。とはいえ、お金は所有者から離れて単独で世の中に存在しているわけではありません。お金は所有者が誰で、何をするかということと密接に結びついているのです。

あなたがこの世に生きている時間は、限られています。生産能力を発揮できる時間は、もっと限られています。お金を稼ぐために何かをするとき、あなたは自分の時間とエネルギーの一部をお金と交換しています。そういう意味で、お金は「エネルギー」に等しいといえます。この視点に立つと、お金はその人がもっている活力の一つの目安とみなすことができます。

以上の五つは、お金の本質を理解する多くの方法の一部です。しかし、これらの見解は絶対的なものではなく、あなたにとって正しいとはかぎりません。あなたは好きな方法でお金について自由に考えてください。

お金はポジティブな存在である

お金とは何かという問いに対する答えは、あなたにおまかせします。お金の神秘について考えることは、永遠に解けない難問に挑むようなものです。あなたはこの問いに答えられないかもしれませんが、答えようと努めると何かを学ぶことになるでしょう。

いずれにしろ、これだけは断言しておきます。

お金の本質は、ポジティブで建設的です。

お金は、地球上のすべての人にとって栄誉ある贈り物です。

お金は、これから起きるすばらしいことを保証する喜びにあふれた約束です。

お金は、生活の安定をもたらしてくれる便利で快適な道具です。

お金は、壮大で貴重な権力です。

お金は、エネルギーが純粋で有益な形で現れ出たものです。

お金は、素敵なものであり、所有する価値が十分にあります。

お金が何であるかに関係なく、それをどうみなすかにかかわらず、あなたはそれを欲しがっています。

しかし、それでいいのです。本書を読み終えるころ、あなたはお金を手に入れる方法を知ることになります。

第2章

あなたのお金の流れをよくする法

三人の盲人がふれたもの

三人の盲人が砂漠で道に迷いました。町中に戻れるという希望を抱き、何日もさまよいましたが、見通しは真っ暗でした。

ある日、一頭のラクダに出くわしました。

ラクダはじっとして動かなかったので、三人の盲人はこれが何なのかを見極めるために体にさわって確かめました。

一人目の男はラクダの足にさわり、「小さな木だ」と言いました。ついに砂漠の中で木を見つけたと思ったのです。

二人目の男はラクダの尻尾《しっぽ》にさわり、驚いて後ずさりしながら「ヘビだ」と叫びました。そして、他の二人の男に「ヘビに襲われないように気をつけろ」と言いました。

三人目の男は手を高く上げてラクダのこぶにさわり、「砂山だ」と宣言しました。そして、他の二人の男に「砂が盛り上がっているだけだから、怖がる必要は全然ない」と言いました。

三人の男は少し下がって口論を始めました。

「これは軟らかくて細長いからヘビだ」

「そうじゃないよ。硬いからヘビではなく木だ」

「二人とも違う。そんな見当違いのことを言うな。これは砂山だ」

白熱した議論がしばらく続いたのち、一人がこう言いました。

「ああ、バカバカしい。どうしてこんなに意見が食い違うのだろう。意見がまったく一致しないじゃないか」

それを聞いて、男たちは少しのあいだ黙り込んでしまいました。しばらくして一人がこう言いました。

「いや、そんなことはない。意見が一致していることが一つある」

「それは何だ?」

一人目の男がたずねました。

「何かを見つけたということさ。それが何であるかは意見が分かれたが、少なくともそれが何かであるということについては、三人の意見が一致した。そうだろ?」

三人の盲人は口論することのバカバカしさに気づき、お互いに謝って抱き合いました。そして、口論を終わらせるために、謎《なぞ》に満ちた物体にふたたび近づきました。今度は三人ともその物体の全体にさわり、大きなラクダを見つけたことで意見が一致しました。彼らはそれに乗り、無事に砂漠の外に出て町中に戻りました。

お金とはいったい何か？

あなたがお金をどうとらえようと、大切なのは、「お金は何かである」という事実を理解することです。この議論を進める前に、あなたはこの点について認めなければなりません。あなたと私はすべてのことで意見が一致するとはかぎりませんが、「お金は何かである」ということについては確実に意見が一致しています。

「お金は何かである」と考えることはあなたにとって画期的ではないかもしれませんが、このように認識している人はごくわずかしかいません。

私は今まで多くの人に「お金とは何だと思いますか？」と質問してきました。

もっとも一般的な反応は「わからない」というものでした。

そこで私は「少なくとも、お金は何かではありませんか？」とたずねました。

すると、たいてい返答に窮して、「そんなことは一度も考えたことがない」という答えが返ってきました。

しかし、この質問をくり返すと、最終的にほとんどの人は「お金とは紙幣と硬貨のことだと思う」と答えます。つまり、大多数の人はお金の本質について考えるとき、物理的な通貨を超える何かが存在することに気づいていないのです。

「お金が何かであるなんて、生まれてこの方一度も考えたことがないわ」と八十代のご婦人が私に言いました。

「たしかに、お金は何かだとは思うけれど」

そのとおりです。お金は何かです。お金の本質は深遠で抽象的かもしれませんが、「お金は何かである」というのは真実です。お金の本質は紙幣や硬貨ではありませんが、それが何であれ、何らかのレベルで存在していることは確かです。

お金を奇妙なものととらえてもかまいません。

お金を未知の力ととらえてもかまいません。

お金はつかみどころのないものだともいえます。

お金はたいへん理解しにくいものだともいえます。

お金というテーマそれ自体が神秘的だともいえます。

しかし、どうとらえようと、お金は何かであり、現実のレベルで存在しているという事実は認めなければなりません。

ここでは、お金が何なのかということについては考える必要はありません。とにかく、「お金は何かである」という事実だけを知っておけば十分です。

ところで、なぜ私は「お金は何かである」ということの事実をこんなにも強調しているのでしょうか？

その理由を教えましょう。これは重要なポイントです。**もしお金が何かであるなら、他のすべてのことと同じように物理学の法則にしたがわなければなりません。**驚くなかれ、これこそが真実なのです。

お金の流れも物理学の法則にしたがう

物理学は精密科学です。物理学の法則は、多様な宇宙に存在する物体、活動、状況に幅広く適応されます。物質世界を支配する法則は、絶対にくつがえすことができません。

一六八七年、イギリスの物理学者ニュートンが「運動の法則」を発表しました。この法則は力が物体に働きかける作用を説明するものです。通常の物理的な相互作用では、この法則が物体の運動を理解し予測するための信頼できる公式であることが証明されています。簡単にいうと、「運動の法則」とは次のとおりです。

①力を受けない物体は静止している。
②物体に力が働くと、力の方向に、力の大きさに比例した速度の変化を生じる。
③あらゆる力に対して、同等で反対方向の力が働く。

物理学をよく知らなくても、心配しないでください。物理学の知識はここでは必要ありません。この三つの法則が何を意味していて、それがお金の流れとどう関係しているかを単純明快に説明しましょう。

一つの物体にある方向から力が働き、同時に反対の方向からも別の力が働いているとしましょう（これは宇宙のすべての物体がおかれている状況です）。そこで、もしこの二つの力が等しいなら、それらはバランスがとれますから物体は動きません。しかし、もし片方の力が他方の力よりも強いなら、物体は強いほうの力の方向に動きます。

では、いよいよ凧揚《たこあ》げをしましょう。といっても実際にするわけではなく、自分が凧揚げをしている様子を想像するのです。凧には、二つの相反する力が働いています。

まず、風が凧に対してつくっている力が存在します。この力は凧をあなたから引き離します。同時に、あなたが紐《ひも》を引っ張る力が存在します。この力は凧をあなたのほうに引き寄せます。したがって、風の力と引っ張る力という二つの相反する力が存在することになります。

もしこの二つの力が等しいなら、凧はあなたとずっと一定の距離にあります。これは、凧をずっと同じ場所で揚げているときに起きている現象です。風の力は凧をあなたから引き離そうとしますが、同時に、あなたはそれと等しい反対方向の力で紐を引っ張り、凧を自分のほうに引き寄せようとします。二つの力が等しければ、互いに均衡を保ち、凧はあなたとずっと一定の距離にとどまります。

もしあなたが紐を引っ張る力をゆるめると、紐は指のあいだをすり抜けていきます。そのとき、凧の力はあなたの力よりも強くなり、凧はあなたから離れていきます。

それに対し、もしあなたが紐を握って手元に強く引けば、あなたの力は凧の力よりも強くなり、凧はあなたのほうに引き寄せられます。

凧揚げは、二つの相反する力が物体に働きかける方法の一例です。これと同じ原理が世の中のすべてのことにあてはまります。たとえあなたが気づいていなくても、すべての物体にはつねに何らかの力が働いています。たとえば、机の上で静止しているペンには、二つの相反する力が働いています。ペンが動いていないのは、それに働いている二つの力が等しくて反対方向に働いているという事実によるものです。もし物体が動いているなら、片方の力と等しい力が反対の方向から働いていないからです。

これと同じことがお金についてもあてはまります。「お金は何かである」という事実を思い出してください。もしお金が何らかの存在であるなら、以上の例と同じように物理学の法則にしたがわなければなりません。そして実際にそうしています。

何らかのトリックを行おうとしているのではありません。あくまでも現実をわかりやすく説明しているだけです。**物理学の法則は、世の中のすべてのことと同じようにお金についてもあてはまります。他のすべてのことと同様、お金は単独では存在しません。他のすべてのことと同様、お金には二つの相反する力が絶えず働いています。**


二つの相反する力とは、「お金を引き寄せる力」と「お金を引き離す力」です。

この二つの力関係には次の三つのパターンがあります。

①「お金を引き寄せる力」と「お金を引き離す力」が等しい。この場合は、お金は引き寄せられることも引き離されることもありません。あなたは単に何とかやっていくだけです。入ってきたお金は、そのうち出ていきます。

②「お金を引き離す力」が「お金を引き寄せる力」よりも強い。この場合は、お金はあなたから流れていきます。あなたはどんどん貧しくなっていきます。

③「お金を引き寄せる力」が「お金を引き離す力」よりも強い。この場合は、お金はあなたのほうに流れてきます。何をしようと、あなたはどんどん豊かになっていきます。

ここでいうお金とは、紙幣や硬貨のことではありません。この話のテーマはお金の本質に関するものです。

また、お金に対して働いている二つの相反する力は純粋に物理的な意味ではありませんが、力であることに変わりはありません。実際にこの二つの力が存在し、自分がそれをコントロールできることがわかれば、お金の流れをよくすることができます。

多くの要素が「お金を引き寄せる力」と「お金を引き離す力」に関与しています。第2部では何がお金を引き寄せるのかについて、第3部では何がお金を引き離すのかについて説明していきます。

私は本書を通じて「お金の流れ」について話をします。お金の流れは最重要事項です。

もし「お金を引き寄せる力」が「お金を引き離す力」よりも強ければ、お金はあなたの人生に流れてきます。

もし「お金を引き離す力」が「お金を引き寄せる力」よりも強ければ、お金はあなたの人生から流れていきます。

あなたの課題は、お金が自分の人生に流れてくるようにすることです。その唯一の方法は、「お金を引き寄せる力」を「お金を引き離す力」よりも強くすることです。究極的には、「お金を引き寄せる力」を最大化して、「お金を引き離す力」を最小化するということです。

本書で紹介する方法は、この二つのことを可能にします。それは「相乗方式」（詳細は第11章）と呼ばれるものです。

「相乗方式」は二つの別々の方法から成り立っています。すなわち、「お金を引き寄せる力」を強める方法と、「お金を引き離す力」を弱める方法です。

「相乗方式」はこの二つの力に直接的に作用します。あなたの現在の経済状態がどうであれ、「相乗方式」を使えば、自分の人生に入ってくるお金の流れを確実によくすることができます。

もしお金を手に入れてためることが困難なら、お金はあなたの人生から流れていきます。つまり、「お金を引き離す力」が「お金を引き寄せる力」よりも強くなっているのです。

その場合、この二つの力の相対的な強さを逆転させる必要があります。「お金を引き寄せる力」を強め、「お金を引き離す力」を弱めれば、人生に入ってくるお金の流れをよくすることができます。

たとえあなたがすでに裕福で、現時点でお金について深刻な問題を抱えていなくても、「相乗方式」を使えば、もっと多くの恩恵を受けることができます。ここでも、先に説明したのと同じ戦略が適用できます。「お金を引き寄せる力」を最大化して、「お金を引き離す力」を最小化すれば、自分の人生に入ってくるお金の流れをもっとよくすることができるのです。

年齢、性別、知能などにかかわらず、すべての障害を乗り越えてお金の流れをよくするためには、「相乗方式」を実行する必要があります。この方法は単純明快ですが、たいへん大きな成果が得られます。


あなたの究極の課題は、「お金を引き寄せる力」を最大化して、「お金を引き離す力」を最小化することです。


この二つの力は抽象的な概念であるとはいえ、お金にかかわるすべての状況を表しています。この二つの力はお金の流れをコントロールしているのです。

たしかに、これはお金を手に入れるための「常識的」な方法ではありません。しかし、この方法はたいへん効果的です。この二つの力に対処することによって、あなたはお金にかかわる状況の根源を改善することができます。これほどすばらしい出発点はありません。

第2部

お金を引き寄せる力を最大化する

第3章

お金を引き寄せるためにはどうすればよいか？

考えていることが現実化されていく

第2部の四つの章では、「お金を引き寄せる力」を最大化する方法を紹介します。引き寄せの法則を発見し、お金を自分の人生に引き寄せるためのテクニックです。このテクニックを活用すれば、あなたがかかわるすべてのものを繁栄の対象にすることができます。

裕福な生活には多くの要素が含まれています。収入、支出、金銭管理のスキルは、経済的成功に多大な影響を与える要素です。これらの要素はすべて、引き寄せの法則に厳密にしたがって機能しています。あなたが人生で経験するあらゆる状況は、この法則の信頼性を実証しています。

引き寄せの法則は、ひじょうに広い範囲でたいへん大きな影響をおよぼします。実際、引き寄せの法則がおよばない環境は存在しません。

この法則をうまく応用すれば、人生を変えることができます。

引き寄せの法則とは、何らかのイメージを心の中で抱きつづけると、そのイメージが現実になったものを引き寄せることです。つまり、心の中でずっと何かを想像する行為は、その想像に見合う対象や状況を現実の世界の中でつくり出すということです。

最初の質問です。現実とは何でしょうか？

現実について考えるとき、たとえば、ガレージに止めてある車やキッチンのコンロ、デスク上のパソコンのような物体を連想するはずです。ほとんどの人は現実が外的世界の中に存在すると信じています。

次の質問です。想像とは何でしょうか？

想像について考えるとき、ビジョンや夢、ひそかな思いを連想するはずです。ほとんどの人は想像が心の中にだけ存在すると考えています。

では、驚くべき事実を指摘しましょう。

現実と想像は密接にかかわっています。

なぜなら、現実は想像にもとづいているからです。

つまり、現実は想像の直接的な結果なのです。

引き寄せの法則は、心の中で何らかのことを想像しつづけると、目に見えない力が働いて、その想像を現実にしていくという必然的関係を意味しています。**心の中でずっと抱いている明確なイメージは、その実現に必要なものを引き寄せる力をもっているのです。**

あなたの心の中のイメージは、あなたの世界をつくり出しています。心の中でずっと抱いているイメージがどんなものであれ、やがてそれは現実になっていくのです。この基本的なコンセプトはすべての現実の根底にあり、よきにつけ悪《あ》しきにつけ、あなたがおかれている状況の原因を明らかにしています。端的にいうと、思いが現実をつくり出すということです。

人類の進歩は想像から始まった

人間がつくったすべてのものは、心の中の想像から始まりました。古代の石版から現代の携帯電話にいたるまで、世の中のあらゆる発明は、もとはというと、どれも一人の人間が心の中で抱いていた思いからひそかに始まっています。

ここで、人びとの生活に多大な影響を与えてきたいくつかの発明について少し考えてみましょう。

活版印刷機（一四五〇年）　活字を組んで印刷する機械
安全ピン（一八四九年）　物体を安全かつ簡単に留める針
ボールペン（一八八八年）　インク壺《つぼ》に浸す必要のないペン
ジッパー（一八九一年）　小片を上下にスライドさせて衣類を開閉するもの
電気掃除機（一九〇七年）　きれいにしたい場所のゴミを吸い取る機械

トースター（一九一八年）　スライスしたパンを手軽に焼くための電気器具
テレビ（一九二三年）　映像を受信する装置
発声映画（一九二七年）　フィルムの進行に合わせて音声をつけた映画
トランジスタ（一九四八年）　真空管を使わずに電流を制御して動作を行う素子
ビデオ（一九六一年）　磁気テープに映像を録画する技術
パソコン（一九七五年）　机上に置くことができる小さなコンピュータ
ファクス（一九八〇年）　印刷されたものを電話線で送信する装置
コンパクトディスク（一九八三年）　音楽やデータをデジタル方式で保存する技術
使い捨てコンタクトレンズ（一九九〇年）　使ったら捨てる安価なコンタクトレンズ
ワールド・ワイド・ウェブ（一九九四年）　インターネットで情報を共有する手段
スマートフォン（二〇〇二年）　インターネットとアプリが利用できる高機能携帯電話
ハイブリッド車（二〇〇三年）　ガソリンと電気を組み合わせて動く自動車
フェイスブック（二〇〇四年）　友達の輪を広げるための交流サイト
タブレット（二〇一〇年）　タッチパネルの平面的なモバイルコンピュータ
3Dプリンター（二〇一二年）　三次元の物体をつくり出すことができる印刷機

人類の壮大な業績——たとえば、サンフランシスコとマリン半島をつなぐゴールデンゲートブリッジ——を見るとき、あなたはたった一人の人間のすばらしい想像から始まったものが外的世界で現実になった姿を目の当たりにしています。全長二七三七メートルにおよぶこの吊《つ》り橋をつくる手段（資金の準備、資材の調達、プロジェクトの管理など）は、そのイメージがはっきりと視覚化されて初めて実際に展開していったのです。

あなたがつくるすべてのものは、つねに思いから始まります。何らかの思いを抱かないかぎり、何も生み出すことができません。イメージが心の中に植えつけられて初めて、そのイメージを現実にする作業が始まるのです。したがって、何かをつくり出す第一歩は、つねにイメージが心の中に植えつけられることです。

引き寄せの法則によると、心の中で対象や環境のイメージを思い描くとき、その対象や環境は必要な手段を通じてあなたに引き寄せられます。言い換えると、あなたは心の中で抱いているイメージどおりのものを自分の人生に引き寄せるのです。

人間は心の中で思っているものである。われわれの存在はすべて思いで成り立っている。そして、われわれは思いによって自分の世界をつくりあげている。

――ブッダ

あなたの人生は、心の中の思いを映し出したものです。この考え方は迷信や単なる見解ではありません。これは確固たる根拠のある実証ずみの事実です。いったん心の働きを理解すれば、宇宙の創造的な力を活用することは簡単にできます。

顕在意識と潜在意識の驚異的な役割

心は二つの要素で構成されています。顕在意識と潜在意識です。どちらも強みと弱みをもっています。

顕在意識とは、起きているあいだに意識している心の領域です。知的な思考や論理的な推論をするために顕在意識を使います。情報を処理する能力をもち、問題を認識して行動を制御します。

顕在意識は意思決定を行う部分です。たとえば、どの車を買い、どの仕事に就き、どの友人とつきあい、どの本や雑誌を読み、どの料理を注文するかを選択します。あなたは顕在意識を使って理性的に考え、さまざまな選択の可否を判断します。要するに、顕在意識は、自分が気づいているすべての思いを支配しているのです。

一方、潜在意識はまったく異なる機能を果たしています。通常、あなたは自分の潜在意識に気づいていません。心のこの部分は顕在意識の奥底に隠されたままになっています。

しかし、たとえ気づいていなくても、潜在意識はつねに働いています。それはけっして休みません。**顕在意識が眠っているあいだも潜在意識は昼夜を問わず働きつづけ、顕在意識よりも**

はるかに深い部分で重要な課題に取り組んでいます。

まず、潜在意識は体の中の不随意的な機能を維持する役目を果たしています。呼吸、細胞の代謝、血液の循環、体液の維持は、潜在意識によって絶えず正確無比に行われている働きのごく一部です。

また、潜在意識は髪の毛や目、耳、爪《つめ》、歯、神経細胞、脳細胞をつくり出すために使われる物質とホルモンの正確な組み合わせを知っています。

さらに、潜在意識は血中に必要な微量元素の正確な割合を計算することもできます。活動のレベルに応じた完璧《かんぺき》なペースで心臓の鼓動を調整することもできます。たとえば、急に走り出したときに、このペースをどう変えればいいかを瞬時に算出します。

潜在意識の能力は未知の領域で機能しています。意識的に気づいていない多くの出来事を直感的に認識します。

潜在意識は顕在意識よりもはるかに多くのことを知っています。実際、人間のすべての秘密は潜在意識が握っているといっても過言ではありません。

顕在意識と潜在意識はふだんの生活の中でたいへん異なる役割を果たしています。具体的にいうと、次のとおりです。

【顕在意識】	【潜在意識】
随意的な行動	不随意的な機能

知性	感情と情緒
意思決定	心霊能力
論理的推論	現実を再構築する能力
五感	無限の知性とのつながり

顕在意識と潜在意識は互いに連携しています。どちらも限界があり、興味深いことに、互いの限界を補い合っています。顕在意識ができることは潜在意識にはできず、潜在意識ができることは顕在意識にはできません。

顕在意識は論理と類推の名手です。それは情報を処理して論理的な結論を導くすばらしい能力をもっています。

ただし、顕在意識はあなたの境遇にじかに働きかける力をもっていません。それは潜在意識の役割になります。

潜在意識はあなたのイメージに合わせて現実を形づくる驚異的な力をもっています。ただし、この力には論理的な能力が完全に欠落しています。情報を分析したり評価したりすることができないのです。潜在意識はたいへん強大な力をもっているのですが、理性的な意思決定がまったくできません。

潜在意識を活用して望むものを生み出す

近年、心理学の研究で潜在意識の働きについて大きな発見がありました。思いが強化されて潜在意識の領域に達すると、脳細胞の中に印象がじかにつくられることがわかったのです。潜在意識は思考プロセスを管理していますから、思い浮かんだイメージを大脳の組織の中にじかに植えつけます。このプロセスは、画家が想像の世界のイメージをキャンバスに転写するのと似ています。

いったんイメージが植えつけられると、潜在意識はそのイメージを外界で現実にする作業に取りかかります。潜在意識はそれをするにふさわしい存在です。何といっても、現実をつくり出すのは潜在意識の得意分野なのですから。

しかし、潜在意識は理性的な機能を司《つかさど》る部位ではありませんから、いくら多くのことができるといっても推論することができません。潜在意識は受け取るイメージを判定することができないのです。だから、あなたが提供するものをすべて無批判に受け入れます。

潜在意識は土のように受容性に富み、植えつけられたものの是非を判定せずに何でも受け入れて大きく育てます。潜在意識にはポジティブで有益な「種」を植えつけることもできますが、ネガティブで有害な「種」を植えつけることもできるのです。この原理は、あなたの人生で起きる一連の出来事を理解するカギになります。

あなたは種をまき、それに応じた収穫を得ることになる。

——新約聖書

土の中にバラの種をまいて、アサガオの芽が出て育つでしょうか。そんなことは絶対にありません。土の中にバラの種をまいたら、必ずバラの芽が出て育ちます。

同様に、潜在意識の中に特定の思いを植えつけたら、必ずその思いが根を生やして育つことになります。

よくも悪くも、あなたは潜在意識の中に大きく成長していく「種」をまいています。

この事実を肝に銘じてください。

われわれの未来を形づくることに関しては、することよりも思うことの影響力のほうがはるかに大きい。

——フィリップ・ジェームズ・ベイリー（イギリスの詩人）

私の知人にビーバーが大好きな男性がいます。ある日、野生のビーバーを捕まえて家に持ち帰り、リビングルームに閉じ込めました。調教してペットとして飼うつもりだったのです。

ある午後、彼は用事があって町へ車で出かけました。数時間後、家に帰ってリビングルームに入ると、ビーバーが家具の一部を壊して切れ端を部屋の片隅に運び、水の流れがなかったのに、みごとなダムをつくっていました。

この話の教訓は、ビーバーはどんな条件下でも本能にしたがってダムをつくるということです。ビーバーにダムづくりをやめさせることはできません。なぜなら、それがビーバーの性質なのですから。

同様に、潜在意識は、あなたが提供したイメージにしたがって現実をつねに再構築します。どんなにあがいても、潜在意識のこの働きを止めることはできません。なぜなら、それが潜在意識の性質なのですから。

ここで興味深い事実を指摘しましょう。あなたはすでに潜在意識の力を活用しています。気づいているかどうかに関係なく、昼夜を問わずこの創造的な能力を使っているのです。ときには、自分が望んでいるものを創造するためにこの力を使い、ときには、自分が望んでいないものを創造するためにこの力を使っています。

幸いなことに、あなたはそのどちらでも選ぶことができます。あなたは望んでいるものを創造するためにこの力を使うことができるのです。このことの重要性をよく理解してください。


人生は、その人の思いがつくり出したものである。

――マルクス・アウレリウス（ローマ皇帝）

顕在意識は潜在意識の入り口であるといえます。

では、潜在意識に到達させるイメージを決めているのは誰でしょうか？

それはあなたです。顕在意識を通じて、あなた自身がそれをしているのです。

あなたは今まで、心の二つの構成要素がどう機能しているのか気づいていなかったかもしれません。自分の潜在意識に与えているイメージについて、ほとんど影響力を行使していなかったはずです。

しかし、こうして理解を深めたのですから、今から変化を起こすことができます。潜在意識にどんなイメージを受け取ってほしいかを意識的に決めることができるのです。

いったん何らかのイメージを潜在意識に植えつけると、やがてそのイメージは人生の中で具体的な形となって現れます。潜在意識はどんなイメージの内容も判定しません。言い換えると、潜在意識は利益と不利益を比較検討せずにイメージを現実にするのです。

潜在意識はその活動に論理を駆使しません。その方法を知らないからです。論理的な考え方を必要とするものはすべて顕在意識にゆだねます。潜在意識がするのは、あなたから受け取った情報にもとづいて活動することだけです。データ処理をするコンピュータと同様、潜在意識は内容に関係なくイメージを処理します。

心の中で抱いているイメージは、強い振動を発する爆弾のようなものだ。いったん爆発すると、いかなる強固な岩石をも粉砕し、望んでいる変化をつくり出す。

――パラマハンサ・ヨガナンダ（インドの聖者）

潜在意識は、あなたが供給するイメージにもとづいて昼も夜も活動しています。潜在意識は、あなたが供給するイメージに逆らって活動することはありません。

したがって、その仕組みを理解すれば、現実にしたいイメージを選んで潜在意識に供給することができます。

量子物理学が証明した「思いは現実をつくり出す」

近年、量子物理学の分野で驚異的な発見が相次ぎました。それによる新しい考え方には大きな意味合いがあります。

すべての物体は原子からできています。そして、すべての原子は素粒子からできています。しかし、素粒子は通常の意味で存在しているわけではありません。多くの素粒子は、何らかのタイミングで存在しているように見えるにすぎないのです。言い換えると、物体を構成しているのは、それ自体は物体ではないということです。

物理学者は粒子加速器を使って、誰かが考えているときだけ素粒子が存在することを突き止めました。誰も考えていないとき、素粒子は単なる振動にすぎません。素粒子は何らかの注目を得て初めて存在するのです。

つまり、すべての物体の本質である素粒子は、思いをその方向に送ることによってつくり出されるということです。

原子は素粒子の配列によって成り立っています。ある物体の原子と別の物体の原子の唯一の違いは、エネルギーの小さなかたまりの配列です。したがって、ある物体と別の物体の唯一の違いは、エネルギーの配列の仕方なのです。

アインシュタインはエネルギーと物質が交換可能であることを証明しました。人間の心のエネルギーは物質にたやすく変換されます。心の中の電気的振動は創造的なエネルギーであり、いかなるイメージをも物質世界で再現する力をもっています。あなたが生きているかぎり、このプロセスは永久に継続されます。

現実が夢を破壊することがあるように、夢が現実を破壊することもある。

――ジョージ・ムーア(アイルランドの作家)

すべてのものがつくられる「思いの根源」のようなものが存在するということが科学的に証

明されています。それが何であれ、この宇宙に充満しています。

目には見えませんが、人間は自分の思いをそれに伝える力をもっています。言い換えると、何かを心の中でイメージすると、あなたはすべての物体を創造したのと同じものに呼びかけていることになるのです。

あなたの人生のすべての出来事と状況は、エネルギーによって創造されます。このエネルギーのかたまりはあなたの思いに由来し、まるで放送タワーから発せられる電波のように広がっていきます。あなたが身の回りで見る物体と状況は、自分の外で起きているように見えますが、最新の科学的根拠によると、この認識は正確ではありません。あなたはもっとも根源的な意味ですべてのものを引き起こしているのです。つまり、思いはまさに現実をつくり出しているのです。

潜在意識で無限の力が発揮できる

自然界には知性が宿っています。この知性は人間の赤ん坊を細部まで完璧に創造する方法を知っています。卵からニワトリをつくり出す方法を知っています。小さな種から巨大な杉の木をつくり出す方法を知っています。独自のニーズをもつ無数の種類の動物をはぐくむ方法を知っています。

カッコーについて聞いたことがあるでしょう。カッコーは別の種類の鳥がつくった巣の上を飛び、巣の中にある卵を色、形、大きさの点で正確に心の中で写真のように撮影します。その後、カッコーは母鳥がいないあいだにその巣に戻り、他の卵の横に自分の卵を産みます。その卵は他の卵と細部までそっくりです。カッコーは産卵を終えると飛び立ちます。

戻ってきた母親は、知らないうちに里親としてカッコーのひな鳥を育てます。驚異的な知性がカッコーに他の鳥の卵を「複製」する方法を教えているのです。カッコーの行動を導く知性は、科学ではまだ解明されていません。

しかし、この知性こそが、すべての天才の根源なのです。あらゆる生命体を創造し維持しているのは知性です。これと同じ力をあなたも得ることができます。この知性と直接つながっているのが、あなたの潜在意識なのです。

この知性はイメージを現実にする方法を知っています。あなたは好きなときにこの力を使い、それを自分の役に立つようにすることができます。この驚異的な資産をうまく活用すれば、あなたが損をすることはけっしてありません。

潜在意識の創造力を考えると、あなたの中に眠っている可能性は計り知れません。あなたの潜在意識は、あなたとすべての創造物をつなぐ役割を果たします。それは無限の力へのチケットです。

われわれはよく「見ることは信じることだ」と言うが、本当は見ることよりも信じることのほうがはるかに得意だ。実際、われわれは信じているものをいつも見ていて、信じていないものを見ることはめったにない。

——ロバート・アントン・ウィルソン（アメリカの思想家）

新しいアイデアが突然どこかからわいてきたように感じたことはありませんか。ときには、そのアイデアが自分のものではないように感じることすらあるはずです。

発明家のトーマス・エジソンは「他の誰も知らない答えを見つけたいとき、私は潜在意識の力をひんぱんに活用している」と言っています。

スイスの心理学者カール・ユングは「潜在意識は生涯で得たすべての知識を蓄積している」と指摘しています。

あなたはこういう力を活用することができるのです。そんなバカな、と思いますか？

潜在意識の莫大《ばくだい》な創造力を垣間見たら、あなたは畏敬《いけい》の念を抱くはずです。この力を自由に活用できることを知れば、興奮のあまり身震いすることでしょう。

しかし残念なことに、大多数の人はこの力にまったく気づいていません。にもかかわらず、これは真実なのです。

潜在意識は心の中のイメージを物理的（そして金銭的）に同等のものに変える力をもち、——たとえ寝ているあいだでも、そしてこの瞬間でも——この創造的な活動につねに従事しています。しかも、このプロセスは果てしなく続きます。
あなたの現実は、あなたが心の中で抱いているイメージにもとづいて絶えず再構築されているのです。

> われわれは自分がふりをしているものになる。だから、どんなふりをするか気をつけなければならない。
>
> ――カート・ボネガット（アメリカの作家）

作家のマーク・トウェインは**「人生の大半は事実と出来事によってではなく、絶えず心の中を流れている一連の思いによって成り立っている」**と言っています。潜在意識は無限の力を発揮し、心の中のイメージにもとづく世界を創造します。信じられないかもしれませんが、これは真実です。

あなたの潜在意識はたいへん利口です。本に書かれていないことでも知っています。まだ発見されていない情報にアクセスすることもできます。摩訶《まか》不思議な未知の方法で、潜在意識はすべての知性の力と密接にかかわっているのです。人生で手に入れたいものを得るためにこの強大な力を活用するかどうかは、あなた次第です。

「人生はこんなものだ」と思い込まない

あなたは次のことを不思議に思ったことはありませんか？

- なぜ人生はうまくいかないのか？
- なぜ生計を立てることはむずかしいのか？
- なぜいつも多くの障害が立ちふさがるのか？
- なぜしたいことをするお金がないのか？
- なぜ世の中はこんなにせちがらいのか？

以上の疑問に対する答えは単純明快です。**あなたの人生が現在のような状況に陥っているのは、あなたが「人生とはこんなものだ」と思い込んでいるからです。**

この意味がわかりますか？

あなたは潜在意識のレベルで、自分でもまったく気づいていない何らかのイメージをもっています。あなたの人生は、そのイメージを忠実に映し出したものです。あなたがおかれている現状は、心の奥底で「人生とはこの程度のものだ」と思い込んでいることに起因しています。

できると思おうと、できないと思おうと、結局どちらも正しい。

——ヘンリー・フォード（アメリカの実業家）

あなたは心の中の思いをすべて合わせたものです。どんな思いであれ、それを抱きつづけると、やがて現実になります。つまり、思いが人生を形づくるのです。

あなたの経済状態、健康状態、人間関係は、仕事や遊びや行動の問題ではありません。あなたが具体的に何をするかは二次的な問題です。

人生はつねに心の持ち方に由来しています。潜在意識は表面的な事柄をはるかに超える範囲で機能しているのです。

あなたの潜在意識の責任を負うのは、あなたしかいません。したがって、この力を使って自分に利益か被害のどちらをもたらすかは、あなた自身が決めることです。

次のことを肝に銘じてください。

破壊的な思いを潜在意識の中でずっと抱きつづけると、人生で破壊的な経験をするはめになります。

建設的な思いを潜在意識の中でずっと抱きつづけると、人生で建設的な経験をすることができます。

これは因果律ですから、くつがえすことはできません。因果律とは、あらゆる事象は「原因」があって「結果」が生じるという普遍的真理のことです。

あなたの人生はつねに潜在意識の中のイメージにもとづいて展開してきましたし、これからもずっとそうなります。

自分のイメージを心眼に映じつづけると、あなたはそれに引き寄せられる。

——ハリー・エマソン・フォスディック（アメリカの牧師）

心の中の「思い」と人生の「経験」のあいだには、必ず因果律が働きます。つまり、何らかの思いを抱きつづけることが「原因」となり、人生でそれに見合う経験をするという「結果」をもたらすのです。

因果律は人生のあらゆる面で働きます。たとえばこんな具合です。

陰気で非社交的なイメージを潜在意識の中で抱きつづけると、ずっと孤独な生活を送るはめになります。

無知で無能なイメージを潜在意識の中で抱きつづけると、失敗をくり返して人生の敗残者として生涯を終えるはめになります。

強欲と嫉妬《しっと》にまみれた偏狭なイメージを潜在意識の中で抱きつづけると、金銭欲に凝り固まった意地汚い生き方をするはめになります。

病気を患って苦しんでいる悲惨なイメージを潜在意識の中で抱きつづけると、病魔に襲われて七転八倒するはめになります。

いつもあくせくしている貧乏なイメージを潜在意識の中で抱きつづけると、絶えず経済的な問題を抱えて金策に駆けずり回るはめになります。

逆もまた真実です。

陽気で社交的なイメージを潜在意識の中で抱きつづけると、多くのすばらしい友人をもつことができます。

知識豊富で頭脳明晰《めいせき》なイメージを潜在意識の中で抱きつづけると、次々と業績をあげて成功を収めることができます。

愛情と理解に満ちたおおらかなイメージを潜在意識の中で抱きつづけると、周囲の人と良好な関係を築くことができます。

心身ともに健康なイメージを潜在意識の中で抱きつづけると、ずっと元気で長生きすることができます。

経済的に豊かなイメージを潜在意識の中で抱きつづけると、お金の心配とは無縁の快適な暮らしをすることができます。

心の持ち方を変えれば人生は変わる

英雄になりたいなら、英雄のような思いを抱け。

——ヴォルテール（フランスの思想家）

あなたの人生は、よくも悪くも潜在意識の中で抱きつづけているイメージによって形づくられます。

運が悪くて失敗する暗いイメージを潜在意識の中で抱きつづけると、膨大な量の破壊的なエネルギーが成功を阻んで人生を台無しにします。どんなにがんばっても、潜在意識があなたを破滅させるように働くからです。

しかし、もし潜在意識の中で抱いているイメージを変えれば、人生はそれにともなって変わっていきます。たとえば、幸運に恵まれて成功する明るいイメージを潜在意識の中で抱きつづけると、確実に幸運を手に入れることができます。何をするときでも、建設的なエネルギーが豊かな人生の実現に向けて働くからです。

私の世代における最大の発見は、心の持ち方を変えれば人生を変えることができるということだ。

――ウィリアム・ジェームズ(十九世紀のアメリカの心理学者)

不幸にさいなまれているイメージは、あなたを不幸にします。

病苦にさいなまれているイメージは、あなたを病気にします。

貧困のために恐怖におびえているイメージは、度重なる失敗につながり、あなたをいつまでも貧しい状態に押しとどめます。

しかし、潜在意識に植えつけるイメージをコントロールする方法をおぼえれば、ポジティブなイメージだけが根づくようになります。そうすることによって人生を再構築し、経済状態と健康状態と人間関係を飛躍的に改善することができます。

これは意見ではなく事実です。

あなたの潜在意識はすでに成功か失敗の強烈なイメージをもっています。これはあなた自身が何らかのきっかけで潜在意識に以前から植えつけてきたイメージです。

今後、潜在意識でどんなイメージを抱くかは、あなた次第です。あなたは自分が望んでいる新しいイメージを植えつけることができます。

子どものころに植えつけられたイメージが人生を決める

もしすべての人がすでに潜在意識に建設的なイメージを植えつけているなら、本書は必要ありません。

もしすべての人がすでにたいへん裕福なら、本書を読むことは時間の無駄になります。

もしすべての人がすでに物心両面で豊かな暮らしを送っているなら、誰も建設的なイメージを創造する方法をわざわざ学ぶ必要はありません。

しかし残念ながら、世の中は貧困、病気、不幸であふれ返っています。これは大勢の人が潜在意識に破壊的なイメージを植えつけられている証しです。こういう指摘は受け入れがたいかもしれませんが、厳然たる事実がすべてを物語っています。

こんな破壊的なイメージはいったいどこから来たのでしょうか？

こんな破壊的なイメージがどうやって潜在意識に植えつけられたのでしょうか？

それは「条件づけ」によるものです。条件づけとは、心理操作によって特定の反応を引き起こすよう学習させることです。具体的に説明しましょう。

ある日、ジョーが元気そうに職場に到着すると、数人の同僚が彼の心を混乱させる計画を実行することにしました。一人ずつジョーに近づいて「今日は顔色が悪いね」と言い、健康状態がよくないという暗示をかけたのです。就業時間の終わりに別の人がジョーに「気分はどう?」とたずねたところ、彼はうなだれて「あまりよくない」と答えました。

ジョーは特定の反応を引き起こすように数人の同僚から特定の思いを植えつけられたのです。こうして、もともと明朗快活だった人が、すっかり意気消沈する結果になりました。つまり、**何らかの思いをくり返し植えつけられると、どんな人でもそれによって条件づけされてしまうということです。**

条件づけは子どもに向けられると最大の影響をおよぼします。子どもの心は純真無垢《むく》で感受性が強く、受け入れ態勢が整っているからです。子どもは言われたことが正しいかどうかに関係なく、そのまま信じます。そして、その影響はそのあともずっと続きます。実際、言葉や行為によって「愚かで鈍くさい」という条件づけをされた子どもは、大人になってもそういう思いを抱きつづけるものです。これは多くの研究が証明しています。

子どものころを振り返ってください。

親がお金について不平不満を漏らしていたことはありませんか?

「食べていくには身を粉にして働くしかない」と言っていませんでしたか?

「お金を稼ぐのはたいへんだ」という必死の思いが言動から伝わりませんでしたか?

子どもはこういうメッセージによって条件づけされ、潜在意識のレベルでそれを受け入れます。子どもはそのとき自分に何が起きているかに気づきませんが、これらのネガティブなメッセージは子どもの心に大きな傷跡を残してしまうのです。

その結果、ほとんどの人は子どものころに「お金は問題だ」と無意識に思い込むようになります。実際、大勢の人が親や兄弟、親戚《しんせき》、教師から「生計を立てるためには、汗水たらして苦労しなければならない」と聞かされて育っています。

ある思いが子どもに伝えられると、たとえ言葉を介していなくても、潜在意識のレベルに素早く簡単に浸透します。そして、その思いは生涯にわたって現実になります。だから、こんなにも多くの人がいつもお金に関して深刻な問題を抱えているのです。

いったん条件づけされると、「お金を稼ぐのはたいへんだ」という思いが現実世界での経験につながることになります。たとえばこんな具合です。

仕事がなかなか見つからず、たとえ見つかっても解雇されたり離職したりする。請求書の支払いが滞る。家計のやりくりに苦労する。お金をためるのが困難になる。お金の悩みにとりつかれ、借金地獄に陥って抜け出せなくなる。社会に搾取されているような気分になり、被害者意識をもつようになる。

こんなふうに、子どものころに植えつけられた心の中の思いが、その後の人生を形づくっていくのです。

心の中の疑念は、われわれの足を引っ張る反逆者である。そのために挑戦を恐れ、もしかしたら手にすることができたかもしれない成功を逃してしまうのだ。

――シェークスピア（イギリスの劇作家）

次の質問に正直に答えてください。

今、あなたは欲しいだけのお金をもっていますか？

お金がたくさん入ってきて、とても裕福ですか？

お金の悩みから解放されていますか？

たぶんそんなことはないはずです。おそらく今、あなたは欲しいだけのお金をもっていません。私がこんな推測をするのは、あなたが本書に興味を抱いているからです。

今、あなたは経済的な不安を抱えているはずです。もしそうなら、現時点で、あなたは自分に対してネガティブなイメージを抱いています。胸に手をあてて考えてください。

心理学の実験で、ほとんどの人が自分を実際より低く評価する傾向があることがわかっています。おそらく、あなたも劣等感や自己不全感を心の中で抱いていることでしょう。これは子どものころに親や他の大人たちによって植えつけられたものです。個人差があるにしろ、こういう不快な感情と無縁の人は一人もいません。

とはいえ、親や教師を非難するつもりは毛頭ありません。この人たちは無意識にそのように振る舞っていただけで、純真無垢で感受性の強い子どもの心に悪影響をおよぼしていることに気づいていなかったのです。

こうした条件づけは、現代社会ではきわめて日常的な出来事だといえます。親や教師は子どものためによかれと思って厳しくしつけたのですが、それがあだになり、結果的に無力感や絶望感といったネガティブな感情を子どもの潜在意識に植えつけてしまったのです。これはとても不幸な現象ですが、いたるところでひんぱんに起こっています。

潜在意識のネガティブなイメージを改善する

こんなふうにして、ネガティブなイメージがあなたの潜在意識に植えつけられました。それがそこにあることは疑問の余地がありません。現時点で、ネガティブなイメージはあなたと私、そして周囲のすべての人の潜在意識の中に存在します。

ネガティブなイメージを心の中に定着させるのに特別なことをする必要はありません。この世に生をうけ、多感な子ども時代を過ごし、大人になって社会の荒波にもまれさえすればいいのです。他の人たちと同様、あなたの大切な潜在意識には破壊的なイメージがすでに植えつけられています。これは間違いありません。

潜在意識の中のネガティブなイメージはあなたの人生をコントロールし、自分を卑下する習慣につながり、貧困にあえぎながらみじめな一生を送るように働きかけます。たとえ以前の思いをもはや意識しなくなっていても、それはあなたの人生に影響をおよぼしつづけます。なぜなら、潜在意識はずっとそれをおぼえているからです。

不吉な話ですか？

いいえ、そんなことはありません。

朗報を紹介しましょう。あなたは変わることができるのです。現状がどんなにひどくても、希望を捨てる必要は全然ありません。あなたの前途は洋々たるものです。潜在意識に植えつけられたイメージは、いくらでも変えることができるのですから。


いったんイメージが潜在意識に植えつけられると、排除するか取り替えるまでずっとそこにとどまります。子どものころの恐怖、貧困、不幸のイメージは、あなたの好きな他のイメージと取り替えるとすぐに人生を支配するのをやめます。

これが何を意味しているかわかりますか？

あなたにはもう一度チャンスがあるということです。これは大いに祝うべきことです。人生を変えることができるという事実に喜びを感じてください。あなたは人生をやりなおして飛躍をとげることができるのです。

ただし、ネガティブなイメージはすでにあなたの潜在意識に根づいています。人生を修復するにはポジティブなイメージと取り替えなければなりません。潜在意識の中のネガティブなイメージを根絶して、望んでいるポジティブなイメージを意図的に植えつける必要があるのです。

あなたはそれをすることができます。次の章でその方法を教えましょう。

第4章

ポジティブなイメージを植えつける

こうすれば潜在意識に正しく到達できる

望んでいるすばらしいイメージを潜在意識に植えつけるとしたら、あなたはどんなふうにしますか？

潜在意識はとても鋭敏なメカニズムですから、そこに到達するには正しい方法を知る必要があるのです。

イメージを植えつける効果的な方法は、潜在意識の働きに対する正確な理解にもとづいていなければなりません。だから、どうすれば潜在意識に到達し、どうすれば反応させることができるかを知る必要があります。潜在意識を正しく扱えば、それは確実かつ適切に働くようになります。

潜在意識に植えつけたいイメージは、それが受け入れられるように提示しなければなりません。努力が実を結ぶためには、イメージは潜在意識の「言葉」によって伝達される必要があります。

喜んでください。これをする正しい方法はすでに発見されています。この方法は簡単にできて、しかも絶大な効果を発揮します。本書の指示にしたがえば、望んでいるイメージを潜在意識にしっかりと植えつけることができます。

この方法に頼らなくても潜在意識に到達し、ポジティブなイメージを植えつけることができると思うなら、それでもかまいません。自分のやり方でやってください。

しかし、今のあなたにはそれがうまくできないように思います。したがって、望んでいるイメージを潜在意識に植えつける作業を遂行するためには、本書の指示にしたがう必要があるのです。

あなたがこれからしようとしていることは慎重さを要します。潜在意識にイメージを植えつけることはむずかしくはありませんが、一定のテクニックが求められるのです。

段階を追って確実に実行できる簡単なテクニックを紹介しましょう。このテクニックは望んでいるイメージを植えつけるという明確な目的のために考案されたものです。

この原理は人類の夜明け以来使われ、時間の試練に耐えてきました。実際、昔から多くの成功者がポジティブなイメージを潜在意識に植えつけて、目標を達成してきたことが知られています。

ポジティブなイメージを潜在意識に植えつけて成功を収めた人たちのごく一部を紹介しましょう。

ベンジャミン・フランクリン　　アンドリュー・カーネギー
トーマス・エジソン　　アレクサンダー・グラハム・ベル

ヘンリー・フォード
エイブラハム・リンカーン
セオドア・ルーズベルト
コンラッド・ヒルトン
マハトマ・ガンジー
ロナルド・レーガン
ビル・ゲイツ
マイケル・ジョーダン
シャーリー・マクレーン
スティービー・ワンダー
オプラ・ウィンフリー
ジョン・ロックフェラー
ウッドロウ・ウィルソン
ヘンリー・デイヴィッド・ソロー
アルバート・アインシュタイン
アール・ナイチンゲール
ルドルフ・ジュリアーニ
バラク・オバマ
マイケル・フェルプス
ジョージ・ハリスン
マイリー・サイラス
ジョージ・クルーニー

こういう人物の名前をあげていけば、すぐに一冊の本ができあがります。実際、無数の成功者がポジティブなイメージを潜在意識に植えつける方法を実行してきました。

本書で紹介する方法は大勢の人によって何度も検証され、長年にわたる膨大な研究の末にようやく完成したものです。それを最新の形で紹介しましょう。

このテクニックを使うと、大きな成果を目の当たりにすることになります。これはたくさんのお金が自分の人生に流れてくると「予想」していることを潜在意識に知らせるもっとも簡単な方法なのです。

本書の指示どおりにこのテクニックを実行してください。そうすれば、富と成功のイメージを潜在意識に植えつけることができます。これは「お金を引き寄せる力」を強化し、豊かな暮らしにつながります。

幸運な人と不運な人の違いはここだ！

一部の人は幸運に恵まれているのに、自分はなんて不運なのだろうと思ったことはありませんか？

世の中はどうしてこんなに不公平なのかと憤りを感じたことはありませんか？

それに対する答えはこうです。

ほとんどの人が「幸運」とか「不運」と考えているものは、潜在意識に植えつけられたイメージが人生に反映されたものにすぎません。つまり、「運がいい」とか「運が悪い」というのは、実体のない錯覚にもとづく考え方なのです。

ポジティブなイメージをもっている人は、ますます幸運に恵まれます。

ネガティブなイメージをもっている人は、運に見放されてしまいます。

ただそれだけのことです。

したがって、幸運の女神を探し求めるよりも、自分で幸運をつくり出したほうがはるかに得策です。


幸運というものは、もともと存在しない。準備が機会と出合うだけのことだ。

——ヴィンス・ロンバルディ（アメリカンフットボールの伝説の名監督）

あなたは無意識に「予想」していることを経験する

数年前、マーケティング会社の営業研修を見学したことがあります。そこで実験が行われました。一つ目のグループは毎月一定のレベルの売り上げを予想するように言われ、二つ目のグループは毎月一つ目のグループの二倍の売り上げを予想するように言われました。研修のそれ以外の部分はまったく同じでした。

営業活動を開始して一か月たったとき、二つ目のグループは一つ目のグループよりもほぼ二倍の売り上げを達成しました。

二つ目のグループは一つ目のグループよりも幸運だったのでしょうか？

二つ目のグループが幸運を独占してしまい、一つ目のグループは貧乏くじをひいたのでしょうか？

いいえ、そうではありません。

どの営業部員も稼げると「予想していた」金額を稼いでいたのです。営業部員が稼ぎたいと「願っていた」金額は、売り上げに反映されませんでした。唯一の決定的要因は、営業部員が稼げると「予想していた」金額だったのです。

あなたは潜在意識のレベルで予想していることを人生で経験することになります。

人生で起こることは、「意識的に願っていること」と必ずしも一致しません。
人生で起こることは、「無意識に予想していること」とぴったり一致します。

つまり、「こうなったらいいなあ」と強く願っていることよりも、「こうなるだろう」とか「こうなるのではないか」とひそかに予想していることを人生で経験するのです。

したがって、喜びに満ちた幸せな人生を予想し、そういうイメージを潜在意識の中でずっと抱いているなら、世間の人が言う「幸運」に恵まれます。

しかし、もし苦しみに満ちた不幸な人生を予想し、そういうイメージを潜在意識の中でずっと抱いているなら、不運続きになります。何をしようとしても、どうにもならない障害が発生し、挫折《ざせつ》するはめになります。周囲の人はあなたがあまりにも不運なので同情するほどです。

しかし、自分の不運を嘆いて落ち込む必要はありません。いつまでもくすぶっている必要もありません。あなたは成功をつくり出すことができるのです。

望んでいるイメージを潜在意識に植えつければ、今までの悪循環を断ち切り、人生がうまくいくようになります。

あなたは人生の主導権を握ることができます。ついに上昇気流に乗り、落後者と縁を切って成功者の仲間入りをすることができるのです。

多くの人は苦難の人生を送る運命にあると信じています。不幸な星の下に生まれたと思い込み、自分の悲しい身の上がどうにもならない不思議な力によって決定されていると考えています。彼らが気づいていないのは、自分で不運な状況をつくり出していることです。

多くの人は知らず知らずのうちにみずから不運を招いています。苦難と失敗に満ちた不幸な人生は、心の中に植えつけられたネガティブなイメージの結果です。潜在意識がいつの間にかそのイメージを現実にしているというのが真相です。

境遇が人間をつくるのではない。人間が境遇をつくるのだ。

――ベンジャミン・ディズレーリ（イギリスの政治家）

数年前、すごく運が悪い老人に出会いました。事情を聞くと、次々と不運に見舞われるらしく、まるでその生涯が一連の不幸話のようでした。うまくいかないことがあるたびに肩をすくめて、「どうせ人生とはこんなものだ」と口癖のように言っていました。

しかし、それは違います。「どうせ人生とはこんなものだ」と思い込んでいるから、そうなってしまうのです。

不運続きの人生を送る必要はありません。いつも夢が破れる悲しい人生を送る必要もありません。さんざん苦しみを味わい、不遇のうちに生涯を終える必要もありません。

人生はすばらしい旅です。人生はワクワクする出来事の連続です。幸せにあふれた豊かな暮らしを楽しむことができるのです。

あなたは成功と幸運を手に入れる基本的な権利をもっています。成功を本気で予想してください。皮肉屋のあざけりや悲観主義者の冷やかしは無視してください。まもなくそういう人たちとは縁が切れます。

喜びに満ちた幸せな人生をイメージし、それを予想しましょう。最高の人生を予想しましょう。そうすれば、それを手に入れることができます。

あなたは潜在意識のレベルで成功を「予想」する必要があります。適当にごまかすことはできません。大切なのは、心の奥底で成功を「予想」することです。

これから心の深いレベルでイメージを植えつける方法を紹介しましょう。それをしているとき、予想を現実にするために使うイメージを潜在意識に供給することになります。

この方法を実行することによって、疑念に満ちた不運な思いを心の中から一掃することができます。

たとえばこんな思いです。

「なんてついてないんだ」

「なるほど、これが人生というものか」

「神様、どうしていつも私をこんな目にあわせるのですか?」

あなたの新しいイメージは、今までのこういう不運な思いを、「私は何でもできるから、すべてがうまくいく」という自信に満ちた幸運な思いと取り替えることができます。

まもなく変化が起きるという期待感に胸をふくらませてワクワクしてください。それはそんなに遠い先のことではありません。いったん潜在意識の中で何かを予想すれば、それはわりと早く手に入ります。

心の方向性を変えないかぎり道を間違う

次の二つのうち、どちらかを選択してください。

- 望んでいるイメージや実現したいイメージを潜在意識に植えつける。
- くり返し思い浮かぶ殺伐《さつばつ》としたイメージに潜在意識がむしばまれる。

用心しないと、貧しくて困っている卑屈なイメージが次々と思い浮かび、絶えず潜在意識に忍び込んで雑草のように根を生やすことになります。よきにつけ悪《あ》しきにつけ、潜在意識はつねに何かをしようとしていることを肝に銘じてください。

この章で知っておいてほしいのは、こういうことです。

あなたは望んでいるイメージを潜在意識に主体的に植えつけることができる。

この文の意味を理解すれば、突破口を開くことができます。今この瞬間、あなたは人生の主導権を握り、望みどおりの方向に人生を展開させる力をもっているのです。

望んでいるイメージを潜在意識に植えつけることによって、思い描いているとおりの理想的な世界を創造することができます。

しかし残念ながら、たぶんあなたは敗北主義に陥っています。しかも、おそらくそれを自覚していません。ほとんどの人は自分の悲観的な人生観に気づくと、すぐにあきらめます。心の持ち方が自滅的だとわかっても、それを修正する方法を知らないために、がっかりして落ち込んでしまうのです。その結果、苦難に満ちた不幸な人生を甘んじて受け入れる覚悟をします。そして、ひそかに絶望し、世の中を恨むようになります。

しかし、これは絶対にいけません。あなたはそうならないでください。

今、ポジティブな人生観をもっていないからといって、これからもそういう人生観をもつことができないわけではありません。あなたはすぐにそれを変えることができます。心の持ち方は固定的ではなく流動的ですから、心の中のネガティブなイメージは簡単に修正して全面的に刷新することができるのです。

あなたには何ら問題はありません。問題は、あなたの潜在意識に根づいているネガティブなイメージです。これがあなたの運命を形づくっています。

一文無しである必要はありません。苦しみに満ちた不幸な人生を送る必要もありません。あなたは取るに足らない存在ではなく、価値のあるすばらしい存在です。

あなたは無限の可能性を秘めています。裕福になるにふさわしい人です。絶えずお金の悩みを抱えて苦労しながら生涯を送るために生まれてきたのではありません。あなたにはもっといいことが待っています。

安心してください。あなたは人生を立て直すことができます。望んでいるイメージを潜在意識に植えつけることによって、思いどおりの現実世界をつくる力が働きます。現実世界があなたの新しいイメージを受け入れるためにそれ自身を再構築するのです。驚いたことに、今まで変えることができないと思っていたことが、目の前で変わっていきます。

潜在意識に植えつけるイメージがどんなものであれ、図面どおりに着々と家が建っていくように、それは現実になっていきます。

あなたは自分のイメージを創造しなければならない。それはこれから生まれるのを待っている未来である。

——ライナー・マリア・リルケ（オーストリアの詩人）

あなたの外的世界に存在するものはすべて、あなたの内的世界で創造されたものです。つまり、人生で経験するすべてのことは、心の中の思いが目に見える形となって現実になったものなのです。

これは荒唐無稽《むけい》な考え方ではありません。思いが現実を形づくるというのは普遍的真理なのです。奇抜で難解な印象を受けるかもしれませんが、この考え方を否定することはできません。

あなたの人生はあなたの選択次第です。

- 現実になってほしいポジティブなイメージを主体的に潜在意識に植えつける。
- 潜在意識に植えつけられたネガティブなイメージが現実になるのを傍観する。

どちらかを選んでください。

人生を変えるためには、望んでいるものを正確に把握し、そのイメージを潜在意識に植えつけて、それが現実になるまで心の中で抱きつづければいいのです。この方法は宇宙の力を味方につけます。この力を身の破滅のためではなく、目標の達成のために活用してください。

方向を変えないかぎり、進んでいる方向に行き着くことになる。

——中国のことわざ

あなたは自分の人生に幸せを感じていますか？

潜在意識に植えつけているイメージに満足していますか？

もしそうでないなら、そのイメージを変えましょう。軌道修正をしないかぎり、あなたはやがて自滅します。他の誰のせいでもなく、自分のせいです。

しかし安心してください。その気になりさえすれば、すべてを変えることができます。

あなたの人生は、潜在意識のイメージがつくり出したものです。

どんなイメージを潜在意識に植えつけるかは、あなた次第です。

潜在意識には強大な力がある

あなたには重大な責任があります。たとえ、貧しい家庭に生まれ、たびたび不運に見舞われ、幾度となく失敗してきたとしても、今この瞬間、あなたはそれをすべて変える情報を入手しました。これからの人生はあなた次第です。

もし現状から目をそむけたり言い訳をしたりして行動を起こさなければ、これからもずっと苦しみながら生きていくはめになります。

しかし、もし自分の潜在能力に目覚め、人生を変えるために行動を起こすなら、驚異的な恩恵を受けることができます。

成功と失敗は、偶然ではなく厳正な報いである。

——アレクサンダー・スミス（スコットランドの詩人）

あなたはお金にまつわるストレスから解放されたいと思っていることでしょう。だから今こうして本書を読んでいるのです。もしそうなら、あなたのとるべき道ははっきりしています。それは、潜在意識の肥沃《ひよく》な土壌に豊かなイメージを植えつけることです。

望んでいるイメージを植えつけさえすればいいのです。あとは潜在意識がやってくれます。心配はいりません。潜在意識の強大な力を阻止できるものはありませんから、大きすぎて達成できない課題はないのです。する価値のあることは、どんなことでも確実にできると思ってください。

ドングリの中にはカシの巨木が眠っています。
潜在意識の中には未来の成功が眠っています。

今後、あなたは自分の潜在意識に到達するイメージをコントロールすることになります。今日からあなたの人生は経済面を含むすべての面でこれまでの人生とまったく違うものになります。あなたはこれから確実に成功を収めます。

望んでいるイメージを潜在意識に植えつけることは、あなたにとってもっとも強力で効果的な行為です。

第5章

アファメーションという名の魔法

誰でも簡単に実行できる魔法の習慣

カレンダーの今日のところに印をしておいてください。今日はあなたが「アファメーション（なりたい自分や欲しいものをくり返し唱えること）」と呼ばれる魔法のプロセスの活用法を学ぶ日です。

アファメーションの力を発見したことは、人生でいちばん有意義な出来事だった、と多くの人が口をそろえて言っています。いつか、あなたもこれから学ぶことの重大さに気づくことでしょう。どうか、アファメーションという呼び名におびえないでください。この手順は簡単に実行できますから、特別なスキルは必要ありません。

あなたは読み書きができますか？

本書を読んでいるなら、答えは「イエス」です。

三まで数えることができますか？

小学二年生に進級したなら、できるはずです。

以上で、あなたはアファメーションの力を活用するのに必要なすべてのスキルをもっていることがわかりました。

さて、これから簡単なエクササイズをしましょう。紙と鉛筆を持ち、今すぐ書く準備をしてください。準備はできましたか?

簡単な質問をします。紙、または本書の空白部分に次の質問に対して思い浮かんだ答えを書いてください。

質問　あなたが人生で欲しいものは何ですか?

答え　(　　　　　　　　　　)

もし私の推測が正しいなら、右の答えの部分は空白のままです。あなたはまだ答えを書いていないのに、その先を読み進めようとしています。

もう一度たずねます。先ほどの質問に対して思い浮かんだ答えは何ですか?

これはとても簡単な質問です。ほとんどの人は、この質問に対してアイデアをとりとめもなく思い浮かべます。そして、そのためにすっかり混乱し、筋の通った答えを出すことが困難になります。

結局、あきらめて、質問に答えずに読み進めてしまうのです。

この混乱が問題の根源です。あなたは人生で何が欲しいのかを正確に把握していません。自分の欲求についての明確で具体的なイメージをもっていないのです。

このあいまいな態度こそが、ほとんどの人が成功と幸福を手に入れることができない最大の理由です。

ほとんどの人は人生で何が欲しいかを知らずに暮らし、欲しいものが手に入らないことに不満を感じています。

たとえば、ある人が休暇を過ごすために旅行に出かけることに決めたとします。電車の駅に行って切符売り場で次のような会話を交わします。


「こんにちは。切符を買いたいのですが」

「かしこまりました。どちらへ行かれますか？」

「よくわかりません」

「切符をお求めになっているのに、目的地がわからないのですか？」

「ええ、まあ、そうです」

「あいにくですが、目的地がおわかりでないなら、お手伝いできかねます」

「どこでもかまいません。楽しく過ごせて幸せな気分になれるところであれば、どこでもいいのです」

「申し訳ございません、お客様。まずどこに行きたいかをはっきり決めていただく必要がございます。そしてそれをお伝えいただければ、すぐにそこまでの切符をご用意いたします。そうでなければ、お手伝いのしようがございません」

じつにバカげた会話ですが、ほとんどの人が自分の潜在意識と交わしている対話は、本質的にこれと同じです。潜在意識は手伝いをしたいのですが、それができません。もし人びとが自分の欲しいものを知っているなら、潜在意識はそれを手に入れるのを助けることができます。

しかし、多くの人は何が欲しいのかよくわかっていないのですから、どうしようもありません。ある思想家は「心の中が混乱していると人生そのものが混乱する」と言っています。あなたはそんな生き方をしたくないはずです。もしそうなら、心の中が混乱した状態に今すぐ終止符を打たなければなりません。

人生で欲しいものを手に入れる第一歩は、人生で何が欲しいかを見極めることです。

あなたは今とは違う人生を送りたいと思っているはずです。今とは違うことをしたいと思っているはずです。もっと多くのモノを所有したいと思っているはずです。

しかし、これらの思いはあまりにもあいまいで明確さに欠けていて、具体的なイメージとはいえません。

まず、自分が何になりたいか、何をしたいか、何を所有したいかについて正確に知らなければばなりません。詳細を把握して初めて、人生で欲しいものの明確なイメージをつくることができます。

魔法のランプから魔人が現れて「あなたの願いをかなえましょう。欲しいもののリストを作成してください」と言ったとしましょう。

あなたはどんなリストを作成しますか?

以前、ある男性が「何かがすごく欲しいのだけれど、それが何なのかよくわからない」と言っていました。もしあなたもそんなふうに感じたことがあるなら、あなただけではありませんから安心してください。人生で欲しいものがわからない人は大勢います。

では、その状況を打開するために、人生で欲しいものをこれから見極めましょう。

ふたたび同じ質問をします。今度はしっかり答えてください。

あなたが人生で欲しいものは何ですか?

答えを書く際に、自分がそれを手に入れることができるかどうか悩まないでください。ここですべきことは、自分が欲しいものは何かを決定することです。あなたが自分の欲しいものを決めたら、私はそれを手に入れる方法を教えましょう。**あなたの潜在意識はあいまいなことに反応しませんから、具体的に答えてください。**

ペンか鉛筆を持って準備してください。本に書き込みをしてもいいのですが、それをしたくない人や、もっとスペースが欲しい人は自分で紙を用意して、次のエクササイズをしてみましょう。

人生で欲しいものの二つのリストをつくる

これから二つのリストを作成します。**一つ目のリストには「解決が必要なもの」を、二つ目のリストには「ぜひ欲しいもの」を書きます。**ただし、両方ともお金に関係のある事柄にしてください。

まず一つ目のリストから始めましょう。上の欄に「解決が必要なもの」を書いてください。切迫したニーズを簡潔かつ具体的に表現することが大切です。たとえば、単に「請求書の支払い」と書くのではなく、具体的な内容を書いてください。たくさん書く必要はありません。少ししか思い浮かばないなら、それでかまいません。

今度は下の欄にそれぞれのニーズに対する「適切な解決策」を書いてください。これは少し考える必要があるかもしれません。

例をいくつか紹介しましょう。あくまでも参考ですから、あなたは独自のリストを作成してください。

［一つ目のリスト］

「解決が必要なもの」	「適切な解決策」
壊れた車	車を修理に出す
古くなったソファ	新しいソファを買う
借金の滞納	延滞金を含めて借金を払う
乾燥機の故障	乾燥機を修理に出す
息子の傷んだ靴	ナイキのエアマックスを買う
古くなったメガネ	ランドルフのメガネを買う

一つ目のリストが完成しました。「解決が必要なもの」と「適切な解決策」のリストです。あなたの人生の中でもっとも急を要する重要案件です。

次に、二つ目のリストを作成しましょう。これはとても楽しい作業です。

今度は、自分が本当に欲しいものをリストアップしてください。これは「解決が必要なもの」ではなく「ぜひ欲しいもの」です。言い換えると「願望」です。今すぐに手に入るものではないかもしれません。ぜいたくな願望を書いてください。欲しいものがあれば、何でもリストアップしましょう。

その際、できるだけ具体的に書いてください。たとえば、「高収入」ではなく「年収五千万円」、「いい仕事」ではなく「開発部門の研究者」、「楽しい休暇」ではなく「一か月間のヨーロッパ旅行」、「いい車」ではなく「真っ赤なレクサスLSの新車」、「名誉」ではなく「地元の商工会議所の会長」といった具合です。思い浮かんだ順番に書いてください。いくつか例を紹介します。

［二つ目のリスト］

「ぜひ欲しいもの」
暖炉のついた一億八千万円のレンガづくりの家
真っ赤なレクサスLSの新車
サムスンの六〇インチ大画面テレビ
ダッジのフル装備のミニバン
年収五千万円
一億円の銀行預金
一か月間のヨーロッパ旅行

ダイヤモンドのネックレス
全長七メートルの豪華ヨット
ジョーとスーザンの親友になること
UCLAで心理学の博士号を取得すること

今度はあなたの番です。ぜひ欲しいものをリストアップしてください。手ごろかどうかに関係なく、思い浮かんだものを書いてみましょう。この作業は楽しみながらやってください。

満たされなければならない五つの基準

これで二つのリストができあがりました。「適切な解決策」と「ぜひ欲しいもの」を合わせたものが、あなたが人生で欲しいものの具体的な内容です。では、それをさらに詳しく検証しましょう。

あなたはこの二つのリストに書かれた全項目を検証することになります。その目的は、次の五つの基準を満たさない項目を排除してターゲットを絞り込むことです。

①今、本当に欲しいか？

多くの人が欲しがっているとか、過去に欲しかったという理由でリストに入れないでください。自分が現時点で本当に欲しいのかどうかを見極めてください。手に入る可能性がどれくらいあるかは考慮する必要がありません。ここで考慮すべきことは、あなたが本当にそれを欲しいと思っているかどうかです。

対象に「興味」を抱くという程度ではなく、それに対する「強い欲求」をもっていなければなりません。もしそうでないなら、その項目は消してください。

最終的なリストは、あなたが今たいへん欲しいものだけで構成される必要があります。この基準を満たさないなら、どんどん削除してください。自分が本当に欲しいと思っているかどうかは、項目を見たらすぐにわかるはずです。

②現実問題として可能か？

つまり、それを手に入れることが人間として可能かどうかということです。今すぐに手に入るかどうかは関係ありません。もし誰かが過去にそれをなしとげたのなら、それは非現実的ではないということになります。たとえば、ハワイまで泳ぐことは非現実的ですが、ハワイまで新しいヨットで旅をすることは十分に可能です。

③誰かが傷つくことにならないか？

近所の人が嫉妬《しっと》するかどうかは関係ありません。ここでいう「傷つく」というのはそのような意味ではなく、誰かの心身に実害がおよぶかどうかということです。

④リストの他の項目の妨げにならないか？

ある項目を実現すれば、他の項目の実現に支障をきたさないかどうかを考慮する必要があります。リストのどれか二つの項目が互いに相反していないかを調べましょう。たとえば、「競馬の騎手になる」という願望と、「ヘビー級のボクサーになる」という願望は明らかに相反していますから、どちらかをリストから削除する必要があります。こういうことはそんなによくあるわけではありませんが、一応確認しておきましょう。

⑤十分に満足か？

この基準は要注意です。大切なのは、自分を限定しないという姿勢です。ほとんどの人は何事に対しても用心深く慎重な姿勢で人生を送っています。しかし、これは残念なことだといわざるをえません。なぜなら、絶えず用心することで自分を限定しているからです。臆病《おくびょう》にならずに勇気をもつことが求められます。

たとえば、年収五千万円を望んでいるとしましょう。しかし、先ほどのエクササイズで希望の金額を書いたとき、臆病になって「二千万円」と書いたなら、書き換えてください。二つ目の項目にあるとおり、それが現実的であるなら、自分が本当に欲しいものを書けばいいのです。

自分を限定してはいけません。

あなたはこれまでずっと自分を限定して生きてきましたから、この基準は受け入れがたいかもしれませんが、思いきって大きく考えてみましょう。


低い目標をめざしても退屈するだけです。

高い目標をめざすとワクワクしてきます。


実験してみましょう。
①次の空欄に現在の年収を書いてください。
（　　　　　　　　　　）円
②次の空欄にあなたが望んでいる年収を書いてください。
（　　　　　　　　　　）円

この二つの数字を比較してください。

あなたが望んでいる年収は、あなたがすでに得ている年収よりもほんの少し多い程度ではありませんか？

その程度の向上で本当に満足していますか？

一般的な目安として、あなたが望んでいる収入は、現在の収入の少なくとも二倍であるべきです。もし②の数字が①の数字の二倍未満なら、目標が低すぎます。②の数字をすぐに消して、ワクワクする数字を記入してください。

目標を高めに設定しましょう。臆病な態度をとってはいけません。たとえその目標が達成できそうになくても、それでいいのです。自分が欲しいものをリストアップしましょう。大胆になってください。

紙を用意して、この五つの基準を満たした二つのリストの全項目を書いてください。

あなたはこれで何かをなしとげました。「人生で何が欲しいのか？」という重大な質問に答えたのですから。

アファメーションはどのように行うのか？

あなたは具体的な答えを紙に書きました。これから各項目をアファメーションの形式にあてはめていきましょう。

アファメーションとは、自分が望む事柄をまるですでに現実になっているかのように一つの文で表現することです。

アファメーションを実行する目的は、表現されているイメージを潜在意識に植えつけることです。

アファメーションの実例を紹介しましょう。

私、ジョンは、真っ赤なレクサスＬＳの新車を所有している。

アファメーションを効果的にするためには、その内容が具体的かつ肯定的でなければなりません。

まず、アファメーションは具体的でなければなりません。正確にイメージできるように詳しく表現する必要があるのです。アファメーションをつくるためには、その対象の特徴をすべて思い浮かべ、自分にとって重要な部分をもれなく書いてください。

たとえば、新しい家が欲しいとしましょう。その場合、単に「新しい家」と表現するのではなく、どのあたりに住みたいか（都市名や地域名）、どんな家に住みたいか（二階建てか平屋か）、部屋数はいくつぐらいにするか（リビング、ダイニング、キッチン、寝室、浴室）、家具や庭はどんなものにするか、壁は何色にするかなど、その家を詳しくイメージするのに役立つ特徴を思い浮かべてください。

よいアファメーションを書くためには、具体性を前面に出すように分析と調査をしなければなりません。単に「たくさんのお金」と表現するのではなく、金額をしっかり決めて、たとえば「年収五千万円」と表現してください。新しいテレビが欲しいのだけれど、どんな種類にすればいいかわからないなら、調査をしてください。家電量販店に出向いてデモ機を見ながら販売員に相談しましょう。単に「テレビ」と表現するのではなく、たとえば「サムスンの六〇インチ大画面テレビ」と表現してください。欲しいものを心の中で見ることができるように、具体的なアファメーションをつくることがポイントです。

さらに、アファメーションは肯定的に表現する必要があります。肯定的なアファメーションをつくることは、意外と簡単ではありません。形式的には肯定的に見えても、実際はそうでないことがよくあるからです。

潜在意識はすべてのことを額面どおり受け取ります。潜在意識はあなたが言うことをそのまま信じるのです。それはあなたが意図していることとは違うかもしれません。だから適切な言葉を使うことが大切です。

アファメーションは、それがすでに現実になっているかのように表現しなければなりません。これはたいへん重要なことです。最初のうちは言葉の使い方がぎごちなく感じられるかもしれませんが、やがてコツがわかってきます。

たとえば、真っ赤なレクサスLSの新車が欲しいとしましょう。アファメーションは「私、ジョンは、真っ赤なレクサスLSの新車を所有している」と表現するべきです。

「私、ジョンは、真っ赤なレクサスLSの新車が欲しい」と表現してはいけません。あなたの潜在意識はこの文に対して、「それを欲しがっているなら、今それをもっていない」と思い込むからです。その結果、あなたの潜在意識に植えつけられるイメージは、「私、ジョンは、真っ赤なレクサスLSの新車をまだ所有していない」となってしまいます。

このアファメーションが結果として否定的になっていることに気づいてください。思いがあなたの潜在意識に届くころには、意図しているのとは正反対の意味をもつことになります。あなたの思いの大半は、あなたが欲しいものをもっていないことにフォーカスしています。アファメーションがこの否定的な思いを強化しないように気をつけなければなりません。

それと同じ理由で、「私、ジョンは、真っ赤なレクサスLSの新車をもっていればいいなあ」とか「私、ジョンは、真っ赤なレクサスLSの新車を必要としている」と表現しないでください。これらのアファメーションは見た目とは裏腹に否定的です。なぜなら、あなたの心が受け取るメッセージは、「欲しいレクサスがまだ手に入っていない」となるからです。

さらに、「私、ジョンは、真っ赤なレクサスLSの新車をもつことになる」とか「もつだろう」という未来形の表現もよくありません。このアファメーションは具体的で肯定的に見えますから、あなたを惑わすおそれがあります。潜在意識はこのアファメーションに対し、「真っ赤なレクサスLSの新車をもつことになるのだから、現時点ではまだもっていない」と思い込みます。

結局、それをもっているイメージが植えつけられることはありません。潜在意識に植えつけられるのは、あなたが真っ赤なレクサスLSの新車をもっていない否定的なイメージです。

この数十年、大勢の人がさまざまな形式のアファメーションを試してきました。**否定的に表現されたアファメーションは効果がないことで意見が一致しています。アファメーションの効果的な形式は、それが現時点ですでに現実になっているかのように表現されることです。**

したがって、「私、ジョンは、真っ赤なレクサスLSの新車を所有している」という表現にしてください。潜在意識がこのアファメーションを聞くと、あなたがその車をもっている肯定的なイメージが植えつけられます。こういう形式のアファメーションなら効果的です。

くり返しますが、どんなアファメーションをつくるときも否定的な表現を使ってはいけません。したがって、「〜ではない」「〜しない」「けっして〜ない」という言葉は用いないでください。**アファメーションは自分が避けたいことではなく、引き寄せたいことについて表現すべきです。**したがって、「私、ジョンは、肩がこっていない」ではなく、「私、ジョンは、肩のこりから解放されている」と表現してください。アファメーションをつくるときは、つねに肯定的な視点で表現しましょう。

この狙《ねら》いは、アファメーションで表現された思いを潜在意識に信じ込ませるように「トリック」を使うことです。適切な表現を使えば、これは簡単にできます。

潜在意識は「私はこうだったらいいなあ」という希望的観測や願望的思考ではなく、「私はこうだ」という強くて明確な主張に反応します。したがって、アファメーションには具体的で肯定的という二つの要素が不可欠なのです。

アファメーションにはつねに自分の名前を入れましょう。もし何らかの理由で複数の名前をもっている場合は、自分の今の生活にもっとも密着した名前を使ってください。

アファメーションの主語として「私たち」という一人称複数形を使うことはおすすめしません。たとえば、「私たち、ジョンとリサは、健康な女の赤ちゃんに恵まれている」という表現はしないほうがいいでしょう。潜在意識は集団的な現実よりも個人的な現実にエネルギーを集中するほうがはるかに得意だからです。したがって、「私、ジョンは、妻のリサとのあいだに健康な女の赤ちゃんに恵まれている」と表現したほうがいいのです。

一部の人はアファメーションの中に「私たち」という一人称複数形を使って成功を収めたと主張しますが、多くの人はこういうアファメーションが効果的ではないことを経験的に知っています。だから安全策をとって、「私」という一人称単数形だけを主語として使うことをおすすめしているのです。

それぞれのアファメーションは快適さを感じるなら長くても短くてもかまいません。しかし、**アファメーションはくり返し使うものですから、短いほうが好ましいかもしれません。一般的なルールとして、明確さをそこなわない範囲でなるべく簡潔に表現することが大切です。**長さは好みの問題ですが、多くの人は短いほうを好みます。

適切な表現を使ったアファメーションをいくつか紹介しましょう。

私、ジョンは、郊外の一億八千万円の家に住んでいる。

私、ジョンは、年収五千万円を稼いでいる。
私、ジョンは、一億円の銀行預金をもっている。
私、ジョンは、ケンモアの新しい乾燥機をもっている。
私、ジョンは、ランドルフの金縁のメガネを使っている。
私、ジョンは、自宅のリビングルームの南端にブルーのソファをもっている。
私、ジョンは、男の赤ちゃんの誕生を祝っている。
私、ジョンは、いつも健康でエネルギッシュである。

以上の例をそのままねる必要はありません。自分の欲求にもとづいてオリジナルのアファメーションをつくってください。言葉を選ぶ際には自分の個性を発揮する必要があります。一部の本やセミナーは一般的なアファメーションを教えて、それを使うことをすすめています。もしそうしたければそうすればいいのですが、そのようなアファメーションは、自分でつくるアファメーションほどの効果がありません。オリジナルのアファメーションをつくるうえで参考にするのなら役立ちますが、それ以上のものではありません。そういう前提で、巻末付録としてアファメーションの具体例をたくさん掲載しておきました。

アファメーションは個性的な内容にするのがいちばん効果的です。どんなにすばらしい内容でも、一般的なアファメーションはオリジナルのアファメーションほど効果的ではありません。オリジナルのアファメーションにくらべると、一般的なアファメーションは心の琴線にふれる

強い力をもっていないのです。

あなたがつくったアファメーションは独創的です。あなたは地球上に暮らしているどの人とも違います。あなたの心の中の思いは、あなた独自のものです。あなたは個性的な人であり、平均的な人ではありません。

アファメーションを修正する

これからオリジナルのアファメーションをつくりましょう。次の形式でアファメーションを書いてください。

私、（自分の名前）は、（アファメーション）。

アファメーションの数は人によって異なりますが、ほとんどの人は三つから十個のアファメーションに落ち着きます。もっとも妥当な数は五つくらいのようです。一つか二つしかつくらない人もたくさんいますが、それでもかまいません。アファメーションの数が十個を超えるようなら、自分がもっともワクワクするものだけを残し、それ以外のものを削除して数を減らしましょう。

どんな理由であれ、いつでも自由にアファメーションを修正してください。あなたの目標は変わるかもしれませんから。今の自分にとって大切なことでも、あとになったらそれほど大切ではなくなるかもしれません。アファメーションを変更したくなったら、そうしてください。いずれ、ちっぽけなアファメーションをやめて、もっと大きなアファメーションに集中したくなるかもしれません。なぜなら、いくつかのアファメーションが実現したら、目標をさらにもっと高くしてアファメーションを修正する必要があるからです。

しばらくしてアファメーションのどれかが不適切だと感じたら、それをやめるか修正してください。気持ちが変わっても意に介する必要はありません。変化が生じるのは、意識が進化していることの証しです。一部の人は、わずか数か月ですべてのアファメーションを刷新しています。変化をためらってはいけません。自分のアファメーションですから、いつでも自由に修正してください。

もしこれが初めてのアファメーションなら、たった数日で修正する必要が生じても驚かないでください。わずか十日間、潜在意識に働きかけるだけで、あなたの精神状態は変化します。アファメーションを修正したいと感じたら、すぐにそうしてください。数日前の時点で適切だと感じる内容ではなく、今この瞬間に自分にとって適切だと感じる内容にすればいいのです。

アファメーションの修正は定期的に行うことをおすすめします。一か月に一回という高い頻度でもいいですし、一年に一回という低い頻度でもかまいません。しかし、ほとんどの人にとっては、三か月から六か月に一回というのが最適な頻度のようです。

アファメーションの修正は最初と同じ手順でやってください。前述した二つのリスト(「解決が必要なもの」と「ぜひ欲しいもの」)を作成し、五つの基準にそって各項目を検証し、すべて満たしたものだけを採用しましょう。

これで初めてのアファメーションのリストができあがりました。ためしに、このリストを保管して一年後に振り返ってください。たいへん参考になることでしょう。一部の人は最初の一年で当初のアファメーションをすべてなしとげます。

あなたは成功に向けての第一歩を踏み出しました。「いつか何とかしよう」と期待するのではなく、アファメーションを作成することによって自分の経済状況について何かをしはじめました。ようやく長い停滞から抜け出したのです。今、あなたは成功に向かって着実に前進しています。

毎日しなければならない三つのこと

これでアファメーションのリストが作成できました。イメージを潜在意識に植えつける効果的な方法を紹介しましょう。毎日、次の三つの活動を実行してください。

1　朝起きたらすぐにアファメーションを音読してイメージトレーニングをする

アファメーションのリストを書いた紙を見て、最初から順番に全項目を読み上げてください。はっきりとした口調でゆっくり音読し、自分の声を聞くのがポイントです。

目覚めてすぐの、心の感受性が強い時間帯に実行してください。目が覚めてしばらくたつと意識が完全に覚醒《かくせい》しますから、心の感受性が少し鈍ります。待てば待つほど効果が薄らぎますから、目が覚めて十五分以内にアファメーションを音読するのが効果的です。

アファメーションを音読すると、潜在意識があなたの声を聞きますから、イメージを深く浸透させることができます。どんな響きであれ、あなたの声は潜在意識にとって親近感と信頼性があります。潜在意識はあなたの声が何かを確信しているのを聞いて、その内容を信じます。言葉を発するために口を実際に動かすと、筋肉と神経細胞を作動させてアファメーションの内容にインパルス（神経衝撃）を与えることができますから、ためらわずに大きな声を出してください。

もし一人で暮らしているなら、アファメーションを音読しても何の問題もないはずです。アファメーションのリストを枕元《まくらもと》に置いて、目が覚めたらすぐに寝返りを打ってそのリストを手で持ち、最初から読み上げるのです。

しかし、もし誰かといっしょに暮らしているなら、アファメーションを音読しているのを聞

郵 便 は が き

料金受取人払郵便

新宿北局承認

6591

差出有効期間
平成27年11月
30日まで
切手を貼らずに
お出しください。

169-8790

154

東京都新宿区
高田馬場2-16-11
高田馬場216ビル 5 F

サンマーク出版愛読者係行

ご住所	〒 都道府県	
フリガナ		☎
お名前		(　　　)
電子メールアドレス		

ご記入されたご住所、お名前、メールアドレスなどは企画の参考、企画用アンケートの依頼、および商品情報の案内の目的にのみ使用するもので、他の目的では使用いたしません。
尚、下記をご希望の方には無料で郵送いたしますので、□欄に✓印を記入し投函して下さい。
□サンマーク出版発行図書目録

購読ありがとうございます。今後の出版物の参考とさせていただきますので、
記のアンケートにお答えください。抽選で毎月10名の方に図書カード（1000円
）をお送りします。なお、ご記入いただいた個人情報以外のデータは編集資料
他、広告に使用させていただく場合がございます。

■お買い求めいただいた本の名。

■本書をお読みになった感想。

■今後、サンマーク出版で出してほしい本。

■最近お買い求めになった書籍のタイトルは?

■お買い求めになった書店名。

市・区・郡　　　　町・村　　　　書店

■本書をお買い求めになった動機は?

・書店で見て　　・人にすすめられて
・新聞広告を見て（朝日・読売・毎日・日経・その他＝　　　）
・雑誌広告を見て（掲載誌＝　　　）
・その他（　　　）

■下記、ご記入お願いします。

ご職業	1 会社員（業種　　）2 自営業（業種　　） 3 公務員（職種　　）4 学生（中・高・高専・大・専門・院） 5 主婦　　6 その他（　　）		
性別	男 ・ 女	年 齢	歳

ームページ http://www.sunmark.co.jp　ご協力ありがとうございました。

かれたくないかもしれません。その場合、誰にも聞こえない場所に行って音読するといいでしょう。ドアを閉めるとかテレビやラジオのボリュームを大きくするなどの対策を講じて、自分の声が聞こえないようにするという手もあります。

アファメーションを大きな声で音読すると周囲の人に聞こえてしまうなら、ささやいてもかまいません。しかし、少なくとも言葉を発するために唇を静かに動かしてください。言葉を発するために唇、顎《あご》、舌を動かすと、潜在意識にエネルギーが伝わります。もちろん、はっきりと声を出すのがいちばんいいのですが、それができないなら、以上のような次善の策で対処してください。

アファメーションを音読して数秒後、それに関連したイメージを思い浮かべましょう。アファメーションと関係のあることについて心の中で鮮明な画像をつくるのです。これは「イメージトレーニング」と呼ばれています。

イメージトレーニングをすると、欲求からわき上がるエネルギーをイメージに振り向けることになります。これをすると、心の奥底にイメージを焼きつけることができます。

イメージトレーニングは、心の中のイメージが現実になる力を生み出します。

イメージトレーニングとは単に何かをイメージすることではなく、詳細で完璧《かんぺき》なイメージを心眼で見ることです。イメージトレーニングをするとき、それがすでに現実になっている様子を「目の当たりにする」ことになります。

イメージトレーニングをするときは、アファメーションに関連するイメージやシナリオを選んでください。静かな場所で目を閉じて深呼吸をしながら気持ちを落ち着けましょう。その際、心の中の雑念を排除することが大切です。望んでいるイメージに意識を向け、それを心の中で観察し、想像上のスクリーンに映し出されているかのように画像を見て、迫真の展開を楽しんでください。

たとえば、新車が欲しいなら、ハンドルを握り、ギアチェンジをし、バックミラーで後方の風景を眺め、友達を隣に乗せて運転している様子をイメージしてください。

新しい家が欲しいなら、まずその家の外見と近所の風景をイメージしましょう。さらに玄関から入って各部屋を見て回り、家具の配置を確認し、美しい庭を観賞してください。新築祝いのパーティーを開いて仲間とにぎやかに過ごしている様子をイメージすると楽しくなるにちがいありません。

思い描くイメージの数に制限はありません。アファメーションを音読するたびに、前回とイメージが異なっている可能性もありますが、気にせずにおおらかな気持ちで取り組んでください。イメージトレーニングのテクニックは、好きなイメージを思い描いて楽しむ絶好の機会であるはずです。

要するに、毎日の最初の活動は、アファメーションのリストの各項目を音読しながらイメージトレーニングをすることです。朝起きたらすぐにそれをしましょう。たとえば五つのアファメーションを実行するのに要する時間は、わずか一分から三分程度です。

2　アファメーションの一つを選んで、くり返しそれを書く

これは一日のうちのいつでもすることができます。朝でも昼でも夜でもかまいません。紙と鉛筆があり、ほんの数分の時間的余裕があれば十分です（一部の人は「アファメーションを音読するのと並行して書いてもいいのか？」と質問します。そのほうがやりやすいなら、そうしてください。実際、多くの人がそうしています）。

アファメーションの中から一つを選んでください。ぜひやってみたいことや最近あまりしていないことを選んでもいいでしょう。いったん選んだら、それを何度も書いてみてください。少なくとも十回から二十回くらい書くことが大切です。アファメーションをひんぱんに書けば書くほど、より早く好ましい結果を目の当たりにすることができます。

ただし、やりすぎないでください。腱鞘炎《けんしょうえん》になるまで書く必要はありません。五十回もくり返すのはたぶん多すぎます。快適に感じる適度な回数を見つけてください。

毎日、アファメーションを十回から二十回ほど書けば、よい結果を得ることができます。ただし、そのときの気分に応じてアファメーションを書く回数を自在に変えましょう。決まった回数にこだわる必要はありません。

よく聞かれるのは、「アファメーションを書くときは、手書きかキーボード入力のどちらが

いいか?」という質問です。私の個人的な感想では、パソコンやタブレット、携帯電話はさまざまな目的に合致した画期的な道具ですが、アファメーションを書くのにはあまり向いていないような気がします。やはり、昔ながらの紙と鉛筆(またはペン)がもっとも効果的です。文字を書くために手の筋肉を使うことが、心の奥底にメッセージを植えつけるのに役に立つからです。

とはいえ、キーボード入力で成果をあげている人もいます。近年、パソコンを使っている人たちからそのような証言を得るようになりました。パソコンをひんぱんに使っている人にとっては、アファメーションをキーボードで入力しても効果が得られるようです。あなたもそうしたければ、パソコンやタブレット、携帯電話を使ってみるといいでしょう。しかし、ほとんどの人にとっては手書きがいちばん効果的なようです。

アファメーションを書いてイメージを心の奥底に植えつけるための細かい注意点を指摘しましょう。

①罫線《けいせん》のない紙を用意し自分で線を書き入れてください。これは手順をはっきりさせ、正確さを高めるのに役立ちます。

②文字をできるだけ読みやすくしてください。他の人が見ることはありませんが、読みやすい字を書くことで思考の明晰《めいせき》さを高めるのに役立ちます。

③書くスペースを少し小さめにしてください。限られたスペースに書き込むことで集中力を高めるのに役立ちます。

ときにはアファメーションを一人称、二人称、三人称で一巡するといいでしょう。たとえば、こんな具合です。

私、ジョンは、真っ赤なレクサスＬＳの新車を所有している。
あなた、ジョンは、真っ赤なレクサスＬＳの新車を所有している。
彼、ジョンは、真っ赤なレクサスＬＳの新車を所有している。
私、ジョンは、真っ赤なレクサスＬＳの新車を所有している。

アファメーションを二人称と三人称で書くのが効果的な理由は、他の人からのネガティブな目を恐れないためです。だから、それを打ち消すために二人称と三人称でアファメーションを書くのです。ただし、どの人称を使おうと、アファメーションの中に自分の名前を挿入するのを忘れないでください。

アファメーションを書くときの時間の目安は、書く速度と回数に応じて二分から十分が適当です。ほとんどの人は五分以内に書いています。

3 就寝前にアファメーションを音読してイメージトレーニングをする

これは夜寝る前に最後にすることで、朝の作業のくり返しです。ここでも朝の音読と同じ配慮が必要になります。もし一人で寝ているなら、寝る前にベッドでアファメーションを音読するのは何の問題もありません。しかし、もし誰かと同じ部屋で寝ているなら、ベッドに入る前に寝室以外の場所で音読したほうがいいかもしれません。それはあなたにおまかせします。

以上です。たったこれだけのことです。朝と晩にアファメーションを音読して、日中に一つのアファメーションを書けばいいのです。毎日欠かさずこの三つの活動を実行すれば、やがて目標を達成することができます。

この三つの活動からなる手順は一日に十分もかかりません。これは簡単に楽しくできます。人生で何を求めているにしろ、以上の指示に正確にしたがえば、あなたはそれを確実に手に入れることができます。

いちばん大事なのは何回もくり返すこと

くり返しはアファメーションに不可欠です。何をくり返すにしろ、それが真実であろうとなかろうと、あなたの潜在意識はやがてそれを信じ込むようになります。

思想家のラルフ・ワルド・エマーソンは「人間はずっと考えているものになる」という名言を残しています。あるアイデアを何度もくり返すと、あなたの潜在意識はそのアイデアを事実として受け入れ、そのアイデアを現実に変える作業を開始します。

もし「私はお金をためることができない」と自分に何度も言い聞かせると、そのネガティブなイメージを潜在意識に植えつけることになります。その結果、どんなに努力してもお金をためることができなくなってしまうのです。たとえば、節約の計画が他の人たちには功を奏しても、あなたは成果をあげることができません。ネガティブな思いをくり返したために、自分を経済的ピンチに追い込んでしまうのです。

この問題を解決するためには、その思いを打ち消すアファメーションをくり返す必要があります。「私、ジョンは、お金をためることができる」と唱えましょう。何度もくり返しているうちに、潜在意識はそれを信じるようになります。お金をためているイメージが、金欠で苦しんでいる古いイメージにとって代わります。その結果、潜在意識は新しいイメージを現実にするために必要な状況をつくります。

アファメーションは何度もくり返すことが大切です。数週間から数か月にわたって、数百回でも数千回でもくり返してください。やがて、あなたはお金をためはじめるようになります。

いったん潜在意識が成功のイメージをもつようになると、そのイメージを裏づけるためにあらゆることが起こるのです。

多くの人と同様、あなたはすでにネガティブなイメージをたくさんもっています。それらのネガティブなイメージは心の中に染みついています。だから新しいポジティブなイメージを意図的に植えつけないかぎり、あなたはずっと現在のコースを歩みつづけるはめになります。


何もしなければ、何も起こりません。

何かを始めれば、変化が起こります。


アファメーションをくり返すことは、もっとも生産的な行為だといえます。くり返しは他のどんな方法よりも確実に潜在意識に到達するからです。

特定の思いを抱くと、潜在意識は物事を開始します。しかし、その思いをたった一回抱くだけなら、物事はすぐに停止します。たった一回の思いでは何も現実になりません。結果を生み出すだけのエネルギーが作動しないからです。

しかし、もしその思いを何度もくり返すなら、物事は進行して勢いをつけます。やがて好ましい結果を目の当たりにすることになります。

たった一回だけアファメーションを音読するだけで、何が起こるでしょうか？

そんなことで結果が出ると思いますか？

同じアファメーションを何度もくり返して初めて、潜在意識は明白な結果を生み出します。

アファメーションのくり返しは、潜在意識にイメージを定着させるもっとも効果的な方法なのです。

アファメーションを初めて音読するとき、顕在意識は反発します。顕在意識は理性的なので、アファメーションが真実ではないことを見抜き、あなたにそれが偽りの情報であることを知らせます。だから、もし一回だけアファメーションを音読する程度なら、顕在意識が反発して終わりになります。

しかし、アファメーションをくり返すと、そのイメージが顕在意識を超えて潜在意識に到達します。くり返しは顕在意識を無力化するのです。

アファメーションのどれか一つを何度もくり返し書いて、自分の心の中の対話を観察してください。その対話の様子は、おおむね次のようになるはずです。

アファメーション	**心の中の反応**
私、ジョンは、真っ赤なレクサスＬＳの新車を所有している。	
私、ジョンは、真っ赤なレクサスＬＳの新車を所有している。	ウソだ！
私、ジョンは、真っ赤なレクサスＬＳの新車を所有している。	そんなことはない！
私、ジョンは、真っ赤なレクサスＬＳの新車を所有している。	バカなことを言うな！

私、ジョンは、真っ赤なレクサスＬＳの新車を所有している。
私、ジョンは、真っ赤なレクサスＬＳの新車を所有している。
私、ジョンは、真っ赤なレクサスＬＳの新車を所有している。
私、ジョンは、真っ赤なレクサスＬＳの新車を所有している。

からかっているのか？
くだらない。
ガレージをよく見ろ。

私、ジョンは、真っ赤なレクサスＬＳの新車を所有している。
私、ジョンは、真っ赤なレクサスＬＳの新車を所有している。
私、ジョンは、真っ赤なレクサスＬＳの新車を所有している。
私、ジョンは、真っ赤なレクサスＬＳの新車を所有している。
私、ジョンは、真っ赤なレクサスＬＳの新車を所有している。

うまくいくはずがない。
バカバカしい。
何の役にも立たない。

私、ジョンは、真っ赤なレクサスＬＳの新車を所有している。
私、ジョンは、真っ赤なレクサスＬＳの新車を所有している。
私、ジョンは、真っ赤なレクサスＬＳの新車を所有している。
私、ジョンは、真っ赤なレクサスＬＳの新車を所有している。
私、ジョンは、真っ赤なレクサスＬＳの新車を所有している。

どうしようもない。
やっぱりウソだ。
そんなはずがない。

私、ジョンは、真っ赤なレクサスＬＳの新車を所有している。
私、ジョンは、真っ赤なレクサスＬＳの新車を所有している。
私、ジョンは、真っ赤なレクサスＬＳの新車を所有している。
私、ジョンは、真っ赤なレクサスＬＳの新車を所有している。

だるいな。
やって損はないかも。
新車が手に入るかも。

私、ジョンは、真っ赤なレクサスＬＳの新車を所有している。
私、ジョンは、真っ赤なレクサスＬＳの新車を所有している。
私、ジョンは、真っ赤なレクサスＬＳの新車を所有している。
私、ジョンは、真っ赤なレクサスＬＳの新車を所有している。
私、ジョンは、真っ赤なレクサスＬＳの新車を所有している。

つまらない。
無駄ではない。
面倒ではない。

私、ジョンは、真っ赤なレクサスＬＳの新車を所有している。
私、ジョンは、真っ赤なレクサスＬＳの新車を所有している。
私、ジョンは、真っ赤なレクサスＬＳの新車を所有している。
私、ジョンは、真っ赤なレクサスＬＳの新車を所有している。

悪い気はしない。
楽しくなってきた。
うまくいきそうだ。

私、ジョンは、真っ赤なレクサスＬＳの新車を所有している。

私、ジョンは、真っ赤なレクサスＬＳの新車を所有している。
私、ジョンは、真っ赤なレクサスＬＳの新車を所有している。
私、ジョンは、真っ赤なレクサスＬＳの新車を所有している。
私、ジョンは、真っ赤なレクサスＬＳの新車を所有している。
私、ジョンは、真っ赤なレクサスＬＳの新車を所有している。
私、ジョンは、真っ赤なレクサスＬＳの新車を所有している。

現実になるといいな。
信じてみようか。
かっこいい車だな。
おしゃれな内装だ。

私、ジョンは、真っ赤なレクサスＬＳの新車を所有している。
私、ジョンは、真っ赤なレクサスＬＳの新車を所有している。
私、ジョンは、真っ赤なレクサスＬＳの新車を所有している。
私、ジョンは、真っ赤なレクサスＬＳの新車を所有している。
私、ジョンは、真っ赤なレクサスＬＳの新車を所有している。
私、ジョンは、真っ赤なレクサスＬＳの新車を所有している。

うまくいきそうだ。
いい感じだ。
見せびらかそう。
きっとうまくいく。

時間の経過とともに、あなたの心の反応は柔軟になっていきます。この変化は微妙ですから、気づくのに少し時間がかかるかもしれません。

しかし、何らかの時点でアファメーションに好意的な反応を示すようになります。そして、徐々に心の中の対話が変化してきます。

私、ジョンは、真っ赤なレクサスLSの新車を所有している。待ちきれない。
私、ジョンは、真っ赤なレクサスLSの新車を所有している。これはすばらしい。
私、ジョンは、真っ赤なレクサスLSの新車を所有している。はっきり見えてきた。
私、ジョンは、真っ赤なレクサスLSの新車を所有している。確実に手に入る。
私、ジョンは、真っ赤なレクサスLSの新車を所有している。手ごたえがある。
私、ジョンは、真っ赤なレクサスLSの新車を所有している。すごい走りだ。
私、ジョンは、真っ赤なレクサスLSの新車を所有している。まもなく手に入る。
私、ジョンは、真っ赤なレクサスLSの新車を所有している。乗り心地が抜群だ。

粘り強く取り組んでください。やがて、あなたの心の反応は好意的になり、受け入れ態勢が整ってきます。そして、ついに心の中でそれを現実にします。

この変化を起こすのにどれくらいの時間がかかるのでしょうか？

そんなに時間はかかりません。変化が起きているという兆しを三十日以内に感じることができます。そのころ、あなたは成功の見込みについて以前よりもずっと前向きになっています。くり返しによって、潜在意識はあなたが言っていることを信じるようになります。真実か偽りかは関係ありません。たとえその言葉が最初は偽りであっても、やがてそれは真実になっていきます。

明らかに偽りであっても、それを何度もくり返すと、二つのことが起こります。まず心はその偽りを真実として受け止め、次に現実が変化していきます。やがて、その偽りは真実に近づいていきます。

くり返しは大切ですが、疲れるまでアファメーションを書く必要はありません。一回で数時間の努力を凝縮しないようにしてください。長時間の試みでエネルギーを使い果たすのは逆効果になります。適度な試みを毎日欠かさず行うほうが効果的です。

アファメーションを書くことと音読することを組み合わせて毎日欠かさず実行すれば、望んでいるイメージを潜在意識に効果的に植えつけることができます。これを何度もくり返せば、必ず成果が得られます。

アファメーションは毎日実行してください。これは絶対条件ですから、妥協の余地はありません。アファメーションを実行しない日があっても大丈夫だと思わないでください。あなたの潜在意識はそれに気づきます。

[アファメーション実行チェックシート]

名前＿＿＿＿＿＿＿＿＿＿＿＿＿＿　　　　＿＿＿＿＿年＿＿＿月

[毎日の３つの行動]

活動①　朝のアファメーション音読とイメージトレーニング
活動②　日中アファメーションを１つ書く
活動③　就寝前にアファメーションを音読、イメージトレーニング

日	活動①	活動②	活動③	コメント
1				
2				
3				
4				
5				
6				
7				
8				
9				
10				
11				
12				
13				
14				
15				
16				
17				
18				
19				
20				
21				
22				
23				
24				
25				
26				
27				
28				
29				
30				
31				

[今月のコメント]

たとえアファメーションを実行するのが日によって不都合でも、必ず実行してください。一日でも欠かすと大きな違いが出ます。ましてや、たまに数日間欠かすと効果がなくなってしまいます。

中途半端な努力は何の価値もありません。いい加減な気持ちで取り組むのなら時間の無駄になりますから、すぐにやめたほうがましです。いったん決意したら、毎日欠かさずこの方法に全身全霊を傾けてください。この計画に真剣に取り組むことを自分に誓ってください。

131ページにあるのはアファメーションの計画表の例です。この例のように書き込んで、毎月の状況を記入してください。

［三つの活動］

①朝起きたらすぐにアファメーションを音読し、イメージトレーニングをする。
②日中、アファメーションを一つだけ書く。
③就寝前にアファメーションを音読し、イメージトレーニングをする。

「アファメーションの実行チェックシート」は、スケジュールを厳守し継続するのに役立ちます。毎日の活動の手順を怠らないようにする効果もあります。

チェックシートは壁に貼っておくとか寝室に保管しておくといいでしょう。すぐそばにペンや鉛筆を常備しておくと便利です。

チェックシートを活用するために、それぞれの活動を終えたらチェック印を記入してください。さらに、その日にどのアファメーションを書き、何回それを書いたかを記入するといいでしょう。毎日、三つの活動をすべて実行することが大切です。

いちばん下にある「今月のコメント」には、その月の進歩や改善などの顕著な結果を記録してください。その月の進捗《しんちょく》状況に対する率直な感想を書いてもいいでしょう。

月末に自分の出来ばえを振り返ってください。全項目にチェック印が入っているなら、自分を祝福しましょう。もしそうでないなら、自分を叱咤《しった》しましょう。

ただし、チェック印が入っていない項目がたくさんあっても、落胆する必要はありません。次の月にもっとがんばるように自分と約束すればいいのです。毎日、三つの活動を完璧にできていなくても、自分を責めてはいけません。毎月、最善を尽くすことが大切です。

ただし、たまに怠ることがあるだけでも結果を無にするおそれがあることを肝に銘じてください。そういう理由から、つねに全身全霊を傾けることが不可欠なのです。

毎月のチェックシートは保存しておいてください。あとで自分のコメントを振り返ると役に立ちます。また、チェックシートを保存しておくことで、自分の状況とこれまでの経緯を大まかに把握することができます。

アファメーションを活用するために、さらに三つの方法を紹介しましょう。これらのテクニックは必須《ひっす》ではありませんが、楽しみながら決意を強化することができます。すべて実行してもいいですし、一つも実行しなくてもかまいません。ときおりする程度でも十分です。したいときにしてください。

1　アファメーションを音読しながら、鏡に映った自分の姿を見る。

自分の目をのぞき込んで、アファメーションをはっきり聞こえる声で唱えましょう。このテクニックは自分のイメージが発するエネルギーを集中し、それを潜在意識に向けるのに役立ちます。

2　アファメーションを携帯電話やタブレット、パソコンに録音する。

録音したものを再生して聴きましょう。ふだんの生活の中でひんぱんに実行すると効果的です。たとえば、車を運転中に聴く、ジョギング中にｉＰｏｄで再生する、など。自宅のベッドで横になって聴くのもいいでしょう。聴いている途中でうたた寝をしても、睡眠中に自己暗示の力が働きます。ほとんどの人がこのテクニックを使ってリラックスしながら効果をあげています。

3　アファメーションをカードに書き、それを持ち運ぶ。

ストレスを感じたり気がかりなことがあったりしたら、そのカードを取り出し、何度か唱えるといいでしょう。これには二つの効果があります。アファメーションを強化することと、すぐに心を落ち着かせることです。

ある女性は四六時中イライラしていました。そして、それを仕事のせいにしていました。上司が困った人で、いつも理不尽な要求をしてくるらしいのです。そのため家に帰っても一晩中ストレスを感じ、すぐに腹を立てるありさまです。幼い息子との関係は悪化する一方で、人生がうまくいかないので悩んでいました。

ある日、小さなカードにアファメーションを書いて持ち歩くことにしました。職場でいやなことがあると、化粧室に行ってカードを取り出し、誰もいないのを確認してアファメーションを音読しました。ただし、そのアファメーションは仕事とは関係なく、欲しかったアンティークの家具についてのものでした。

アファメーションを音読するたびに、彼女はすぐに気分がよくなりました。こんなテクニックはバカげていると思ったようですが、実行すると顔がほころぶことに気づきました。リラックスして明るい気分になりました。アファメーションを音読することで自信の回復につながり、自分の能力を信じることができるようになったのです。オフィスに戻ると、彼女は自信にあふれ、周囲の人はそれを察知しました。

数週間後、彼女の人生観は一変しました。仕事でのストレスはありましたが、家に帰るとストレスをあまり感じなくなったのです。家庭での時間が楽しくなり、息子との仲は劇的に改善しました。このこととは直接関係のないアファメーションを音読して、こういう効果が得られたのです。

それから一年以上たった今、彼女は自営業者として商売を繁盛させています。息子との関係はたいへん良好です。自宅にはアンティークの家具がいくつもあります。

周囲の人には黙っているほうがいい

アファメーションについては誰にも言わないほうがいいでしょう。このアドバイスは厳しいかもしれませんが、それには十分な理由があります。

黙っていたほうがいい理由は、秘密主義を貫いたりサスペンスを楽しんだりすることではありません。単に、黙っているのがいちばん好ましいからです。もちろん、配偶者に話したり、多くの人と共有したりしてもかまいませんが、誰にも言わないほうが成功の確率はずっと高いようです。

とくに最初のうちは黙っているほうが得策です。アファメーションを始めるときは幸運に恵まれるという経験をまだしていないので、精神的に不安定になる傾向があります。

周囲の人はあなたがアファメーションを始めると聞くと、たいてい難癖をつけます。その人たちは善意で批判的なことを言うのですが、自分の意見がどんな影響をもつか理解していません。きっと、あなたのためを思って言っているのでしょう。あるいは、感想を述べているだけかもしれません。しかし、アファメーションに疑問を呈するような意見は、あなたのモチベーションを下げるおそれがあります。

たとえば、こんな意見がそうです。

「なんだか変な感じだね」

「あまり論理的だとは思えないけど」

「こんなことを本当にするつもりなの？」

「知人が試したそうだけど、効果がなかったらしいよ」

こういうたわいのない言葉でも、あなたの情熱に水をさすおそれがあります。何気ない意見なのですが、かなりの悪影響をおよぼします。

アファメーションのプログラムを始めるとき、あなたはそれが効果的だという確証をまだ得ていません。何が起きるかを試している段階です。そんなときに、アファメーションについてよく知らない人たちの意見を聞いても何の得にもなりません。あなたの決意がどの程度であれ、否定的な意見を少しでも聞いてしまうと疑念を強めることになり、何もしないほうが無難だと思ってしまいやすいのです。

黙っていたほうがいいもう一つの理由は、創造的思考の力を温存できるからです。誰かに言うと、その力をそぐことになります。また、自分のしていることに周囲の注目が集まり、不要なプレッシャーがかかるおそれもあります。結果が出るまでに時間がかかると、友人たちは

「時間がかかりすぎている」と言うかもしれません。

しかし、こういう意見は耳に入ってこないほうがいいのです。たとえあなたが話したがっている相手が友好的で協力的な人たちであっても、アファメーションのことは言わないほうがいいでしょう。


黙っていれば安全が確保できる。黙っていれば損をすることはない。

——ジョン・ボイル・オライリー（アイルランドの詩人）

自分の計画を家族や周囲の人から秘密にしておくためには多少の工夫がいるかもしれません。そのために必要なことは何でもしてください（少なくともしばらくは、その人たちに本書を見せないほうがいいかもしれません）。

あなたの人生はまもなく変わりはじめます。することなすこと何でも、うまくいきます。いったんそれが始まると、周囲の人は気づきます。結果が誰の目にも明らかですから、それを言い広める必要はなくなります。人びとはあなたのもとにやってきて、「どうなっているの？」と不思議そうにたずね、秘密の成功法則を実行しているのではないかと関心を寄せてきます。そんなときは、にっこりとほほえみましょう。もう誰に話しても大丈夫です。口論にはなりませんから。

あなたは現時点では私のアドバイスに賛成しないかもしれません。こんなアドバイスは極端だと思っていることでしょう。自分なら周囲の人に言っても大丈夫だと思っているかもしれません。自分の家族や友人は特別なので、秘密を打ち明けても受け入れてもらえると思っているのでしょう。しかし、どう思おうと、この件は誰にも言わないほうがいいのです。

私はこれまで、強い決意をしていた人が周囲の人に言っても大丈夫だと思っていたために早々と努力を放棄するケースを何度も見てきました。周囲の人のネガティブな影響にさらされないように用心してください。それはあなたが決めることですが、私のアドバイスは以上です。

あなたは本書でアファメーションのつくり方と活用法を学びました。この計画を実行に移すために必要なことをすべて知っています。望んでいるイメージを潜在意識に植えつける確実な方法も知っています。あなたはとても幸運な人です。

夢を見る人だけが、夢を変えることができる。

――ジョン・ローガン（アメリカの劇作家）

この方法を活用するために、この方法のからくりを理解する必要はありません。多少の基礎知識を伝授しましたが、たとえそれを会得していなくても、心配は無用です。量子物理学や心の力学について理解していなくても、気にしないでください。

電気を発明した人はいません。それは大昔から地球上に存在していました。フランクリンは単に電気を「発見」しただけです。それ以来、人びとは電気を暮らしに役立てるために彼の発見を活用する方法を実行してきました。

現在、誰でも壁際のスイッチを押して部屋に明かりをつけることができます。これをするために電気の性質を理解する必要はありません。実際、電気の性質について正確に理解している人は、いまだに一人もいないのです。どんなに知識を増やしても、電気は神秘のベールに覆われています。

潜在意識は現実を再構築する力をもっていますが、電気と同じように神秘のベールに覆われています。これは自然現象なのです。誰も潜在意識を発明したわけではなく、誰もその仕組みを完全に理解していませんが、誰でもそれを活用できます。

アファメーションをくり返すことで、あなたは潜在意識の力を簡単に活用することができます。ちょうど、幼い子どもが照明装置のスイッチを入れて簡単に電気を活用するのと同じように、です。

その仕組みを知らないからといって、それがどうしたというのでしょうか。

専門的に理解していないからといって、アファメーションを実行できないわけではありません。電磁波の理論を理解していないからといって、テレビをつけて好きな番組を見ることができないわけではないのと同じです。航空力学を理解していなくても、飛行機を利用することができますし、分子生物学を理解していなくても、トマトを栽培することができます。

トマトを栽培するためには、土の中にトマトの種をまきます。いったんまいたら、種は芽を出してすくすくと育ちます。トマトを栽培するために、生物学的なプロセスについて理解する必要はありません。トマトは成長してトマトを実らせる正確な方法を知っています。トマトを信頼してください。必ずトマトを実らせますから。

同様に、あなたの潜在意識は現実を再構築する正確な方法を知っています。自分の潜在意識を信頼してください。その仕組みを理解できなくてもかまいません。そんな必要はないのですから。アファメーションを音読して書きさえすれば、潜在意識はそのあとのことをしっかりやってくれます。

ただし、結果が出るまでには多少の時間がかかります。アファメーションがすぐに現実になると思わないでください。アファメーションが現実になる日は必ず来ますが、それはしばらくたってからです。少し辛抱してください。結果はいずれ出ますが、一夜にして出ることはありません。

どんなすばらしいことも、すぐになしとげられることはない。これはブドウがすぐに実らないのと同じだ。ブドウが欲しいなら、時間をかける必要がある。まず花が咲き、そして実がなり、さらに熟すまで待たなければならない。

——エピクテトス（古代ギリシアの哲学者）

長年、あなたはネガティブな予想を強化してきました。このイメージを確立するには長い時間がかかっています。だから辛抱が必要なのです。あなたは生涯にわたるパターンを逆転しようとしています。じっくり時間をかけてください。あまりにも多くのことをすぐに求めてはいけません。変化はしかるべきときに訪れます。

とはいえ、このプロセスがどんなに時間がかかろうと、あなたがする他のどんなことよりも時間がかかることはありません。わずか十日から三十日で変化の兆しが見えてきます。あなたが正しい方向に進んでいる証しです。三か月以内には成果が生じていることに気づくはずです。

三か月間アファメーションを実行するのが大きな負担だとは、私にはとうてい思えません。

アファメーションの講演をすると、聴衆の中の数人がにやにや笑って「まやかしだ」とか「バカバカしい迷信だ」と言っているのが聞こえてきます。

私はこういう意見に少しも惑わされません。この人たちがいくら疑念を抱こうと、アファメーションの効果を反証することはできないからです。これまで無数の人たちがアファメーションの効果を証明してきました。どんなに多くの人があざ笑おうと、実績を否定することはできません。

私が残念に思うのは、こういう懐疑的な姿勢のためにアファメーションを実行しない人がたくさんいることです。この人たちは偏狭な精神のために道を切り開こうとせず、根拠のない自説に固執して進歩をとげずに低迷しています。意固地で柔軟性がないために、いつまでたっても向上しないのです。たいへん惜しいのですが、どうしようもありません。この人たちは可能性を限定し、みずからの成功を阻止しています。あなたがこういう人たちの仲間入りをしないように願う次第です。

周囲の人の無知にもとづく冷やかしを無視する精神力を発揮してください。自分で考える勇気を出しましょう。本書の何かが信頼できそうだと感じたら、ぜひ試してみてください。そうすれば、必ず成果をあげることができます。

怠け癖に対する罰則は、単に自分が失敗するだけではない。他の人たちがどんどん成功していくのを、指をくわえて見ていなければならないのだ。

——ジュール・ルナール（フランスの作家）

あなたと同時に本書を読んでいる人は大勢います。その中で、この情報にもとづいて行動を起こす人たちは、道を切り開くことができます。数か月後、この人たちは繁栄を享受し、幸せにあふれた人生を送ることでしょう。

しかし、何もしようとしない人は、今とまったく変わりません。数か月後、この人たちはまだ苦しみながらみじめな人生を送ることになります。

あなたはどちらのグループに属したいですか？

私はこうして成功した

今から何年も前の二月、私はカリフォルニア州のサンノゼに引っ越しました。当時は失業中のラジオアナウンサーでした。全米のラジオ局で短期の仕事を何度かしたことがある程度で、これといった実績はなく、それまでの四年間は仕事が全然ありませんでした。

ラジオは実績がものをいう業界です。アナウンサーは何年間も訓練を積んでやっと一人前になります。私のような経歴の持ち主には、まともな仕事は回ってきません。あるラジオ関係者からは、メジャーデビューをめざすのは無謀だと言われました。

サンノゼに着いてまずしたことは、地元の多くのラジオ局を片っぱしから調査することでした。そして、いちばん好きな局を選びました。私はその局でリスナー参加型のトーク番組を担当したいと思いました。さっそくラジオ局に面接に行き、雇ってほしいと申し出ました。しかし、責任者からは「今は仕事の空きがないし、あってもあなたのような人を雇うつもりはない」と言われる始末です。私はそれを聞いて帰りました。

論理的に考えれば、この時点で採用の見込みはないとあきらめるのが妥当でしょう。仕事の空きはないし、たとえあっても適任ではないと断定されたのですから。

しかし、私はがっかりせずにアファメーションを書きはじめました。「そのラジオ局でトーク番組を担当する」という内容のアファメーションで、イメージトレーニングもしました。自分がそのラジオ局で働いている様子を細部にいたるまで鮮明にイメージし、放送するシナリオについても思い描きました。粘り強くアファメーションを実行し、心の中のイメージを現実にするために全力を尽くしました。

三月の終わりになって、そのラジオ局にアナウンサーの欠員が出ました。私は何度か電話をして足を運び、四月上旬に採用されました。

数週間後、レギュラーのトーク番組が正式にスタートしました。すると、聴取率はどんどん上昇し、地元でもっとも人気のある番組になりました。その後、六年以上にわたって司会を務め、大きな満足を得ることができました。そのときの経験は私の一生の宝物です。

そのラジオ局で雇ってもらえる可能性はたいへん低かったのですが、二か月以内に採用されたのです。ありえないことですが、実際に起こりました。

潜在意識の力を論理的に推し量ることはできません。どんなに見込みがなくても、アファメーションを実行して潜在意識を存分に活用すれば、夢を現実にすることができます。実際、私はこれまでの人生で何度もアファメーションを実行し、そのたびに割合早く目標を達成してきました。

数年前、二十代前半の女性から相談を受けたことがあります。人生に対して不幸な気分にさいなまれていました。カクテルバーでウエートレスをしていたのですが、自分の仕事が大嫌いだったのです。私は初対面で「人生で何が欲しいのですか?」と聞くと、「わかりません」という答えが返ってきました。

私は彼女がその答えを見つけるのを手伝いました。先に紹介したのと同じ手順で指導したところ、彼女は自己分析を行い、動物が大好きで獣医になりたかったことがわかりました。ところが、「専門のトレーニングを積んでいないし、適性もないし、年齢的にもむずかしい」というネガティブな思いを心の中で抱いていたために、その欲求を抑圧していたのです。

私はアファメーションを実行するように指導しました。当初、彼女は「私、スーザンは、動物の健康増進に毎日かかわっている」と書くのがバカバカしいと感じていたようですが、それを継続しました。

数か月後、彼女はパーティーである男性と出会いました。その人は獣医でした。二人はデートをして恋に落ちました。半年後、その男性が経営する動物病院の受付係が辞めたので、スーザンを代わりに雇ってくれました。

彼女の人生はそれ以降すぐに変わりました。この男性の支援を得て学校に通う決意をしたのです。最後に聞いたところでは、彼女は獣医学を勉強していて、夫の助手として働いているとのことです。

それを聞いて、私は少しも驚きませんでした。潜在意識の力を使えば、どんなことでもできるからです。

ある日、一人の男性が涙を流しながらやってきました。横領を疑われて銀行員の職を失ったのです。顔には悲愴《ひそうかん》感が漂っていました。もう二度とまっとうな職には就けないと思いつめていました。それまで高い生活レベルを楽しんでいたのですが、そのときは手元に現金が約四万円あるだけです。耐え切れないほどの重圧に苦しんでいる様子でした。「人生は真っ暗だ」と語り、絶望して自殺を考えていました。

彼が人生で何を求めているかをいっしょに探ったところ、お金だけを欲しがっていることがわかりました。しかし、本人はそういう欲求が邪悪で利己的だと思い込んでいたので、その欲求をずっと抑圧してきたのです。

彼は自分の気持ちを整理して、いちばん欲しいものはお金だと認めました。私はそれを批判せず、欲求を実現するためにすべきことを教えました。そこで彼はいくつかのアファメーションをつくり、私の指示にしたがいました。

それからまもなく横領の真犯人が捕まったため、彼は信用を回復し、ニューヨークに引っ越して証券マンになりました。

最近聞いたところでは、純資産が二億円を超え、理想の女性と結婚し、アイダホ州に土地を買って移住したそうです。彼によると、お金のことはもう人生の目的ではなくなっていました。経済的にかなりゆとりができたので、牧場主として人生を大いに楽しみたいのだそうです。未来の夢を語る彼の顔は、ほほえみであふれていました。

アファメーションを実行すれば、その内容に関係なく、やがて必ず現実になります。この男性の場合、当初の願望は金持ちになることでした。私はそれを批判せず、そういう欲求をもってもいいと言いました。

同様に、あなたは個性的な人間ですから、どんな欲求をもっていてもいいのです。それを否定する必要はありません。それを受け入れて目標の実現をめざしましょう。それが何であっても、あなたは必ずそれを手に入れることができます。

アファメーションに限界はない

アファメーションを実行すれば、何でもなしとげることができます。限界はありません。大勢の人がどんなテーマでアファメーションを実行しているのかを紹介しましょう。

請求書の支払いをする
美しい家を所有する
パイロットの免許を取得する
顔のしわをとって若返る
視力を回復する

有名で人気者になる
売り上げをアップする
恋人をつくる
運動能力を向上させる
やせて理想体重を維持する
よい商品を買う
事業で成功する
麻痺《まひ》した下肢を回復する
高収入の仕事を維持する
悪性腫瘍《しゅよう》の転移を防ぐ
疎遠になっている肉親の居場所がわかる
性機能を高める
裕福になる
水に対する恐怖を克服する
結婚相手を引き寄せる
ジムで体を鍛えて成果をあげる
体力をつける
ゴルフのスイングを改善する

大学の学費を払う
画期的な新製品を発明する
ロック歌手になる
もっと大きな魚を釣る
コンテストと賞金レースで優勝する
人間関係を改善する
もっと自信をつける
テニスが上達する
美しい庭づくりをする
山頂まで登る
新しいスキルを身につける
創造性を発揮する
たばこと酒をやめる
行儀のよい子どもを育てる
ペットを家でしつける
職場の同僚からもっと尊敬される
野球のピッチャーとしてもっと鋭いカーブを投げる
スピーチの技術を磨く

コミュニケーションの技術を向上させる

老若男女を問わず、思想信条に関係なく、多種多様な人びとが独自の目標を達成するためにアファメーションを実行しています。あなたが欲しいものが何であれ、アファメーションが効果を発揮します。

本書でいくつかの成功例を紹介したのは、驚かせるためではありません。私が選んだのは例外的なものではなく、むしろ一般的な体験談です。そのどれもがアファメーションの効果をはっきりと示しています。私はこういう成功例を紹介するのが大好きです。

もちろん、成功例の中には驚異的なものもあります。しかし、あなたにとって他人の成功例はそんなに意味がないかもしれません。もっと興味をそそるようなエピソードを知りたいなら、あなた自身が成功例になればいいのです。あなたならできます。

あなたは今の人生に幸せを感じていますか？
本当に満足していますか？
必要なときに必要なだけのお金をもっていますか？
人生のすべての分野で満足を感じていますか？
もしそうでないなら、それはいいことです。努力目標ができたのですから。
では、次の質問です。

あなたは変化を起こす準備ができていますか？

反射的に「イエス」と答えないでください。あなたは準備ができていることを心の底から確信しなければならないのです。

あなたは変化を切望し、すすんで何かをすることを決意しなければなりません。行動を起こす準備ができて初めて、準備ができているといえます。

現状について何かをする準備ができて初めて、変化を起こす準備ができているといえます。ところが、ほとんどの人は人生で重大な変化を起こす準備ができていません。彼らは貧しくてみじめな生活を送るのが、じつは好きなのです。

たしかに、多くの人は自分の境遇についてひんぱんに不平不満を言います。しかし、本音の部分では変化を起こそうと思っていません。

どうしてそんなことが言えるのでしょうか？

境遇を改善する方法を提示されると、それができない理由を並べて延々と言い訳をするからです。これは、この人たちが自分の境遇を改善しようと本気で思っていない証しです。

あなたはどうでしょうか？

正直に答えてください。人生を変える心の準備ができていますか？

時間をかけて熟考せよ。だが、行動すべきときが来たら、考えるのをやめて早く行動を起こせ。

今こそ人生を変えるチャンスだと本気で思うなら、今すぐこの方法で上昇気流に乗る決意をしてください。

——アンドリュー・ジャクソン（アメリカ第七代大統領）

今日から始めましょう！

長年、あなたは知らず知らずのうちに人生に対するネガティブなイメージをはぐくんできました。

あなたはそういうイメージが好きですか？

それらのイメージがもたらしたものが気に入っていますか？

本当のことを言ってください。

あなたはそれに満足していますか？

もしそうでないなら、そのイメージを追い出してください。**家の中からゴミを出すように、心の中から毒々しいイメージを排除する必要があるのです。そんなものはもう何の役にも立たないのですから。**

どうやってそれをしたらいいのでしょうか？

私はその方法を教えました。毎日、アファメーションを実行するのです。

これこそが、あなたがずっと待ちつづけてきた成功の秘訣《ひけつ》です。最初はバカげていて効果がないように思うかもしれませんが、とにかく私の指示にしたがってください。そして待つのです。そう遠くない日に必ず繁栄を享受することができます。

あなたの中には大きな力が眠っています。

アファメーションを読んで書くと、ずっと心の中で抱いてきた破壊的なイメージを取り除き、これから定着する建設的なイメージと取り替えることができます。

アファメーションは、今あなたが抱えている経済的問題をすべて取り除き、将来の経済的安定と取り替えるのに役立ちます。

私はあなたに現状に対して少し不満を感じてほしいと思っています。ネガティブな意味での不満ではなく、ポジティブな意味での不満です。そうして初めて、現状を改善したいと本気で思うようになるからです。

あなたは繁栄を享受するために長いあいだ待ってきました。これ以上待つ必要はありません。貴重な人生を浪費するのは一刻も早くやめるべきです。今すぐに始めましょう。

第6章

より早く豊かさを実現するための具体的な方法

この章では、「お金を引き寄せる力」を最大化するための具体的なテクニックをさらに紹介します。これらはオプションですから、使わなくてもかまいません。アファメーションだけを実行しても、お金を引き寄せる力を強めることができます。しかし、これらのテクニックのどれかを使えば、より早く結果が出ます。

1 すでに達成したように振る舞う

言葉と思いは密接につながっています。ほとんどの人は自分の言葉が他人の思いに影響を与えることを知っていますが、自分の言葉が自分の思いに影響を与えることに気づいている人はそう多くありません。

あなたがふだん何気なく言っていることは、あなたの考え方に影響を与えます。しかも、その影響はたいてい潜在意識にまでおよびます。自分の話し方を変えれば、自分の考え方を変えることができます。

まず、愚痴をこぼすのをやめましょう。不平を言うのはときには楽しいかもしれませんが、その習慣はぜひとも改める必要があります。自分を哀れんでひそかな快楽を得るよりも、成功を収めるほうがずっと楽しいのです。私はそれをよく知っています。なぜなら、その両方を試したのですから。

自分の経済状態について絶えず不平を言っているなら、すぐにその習慣をやめましょう。自分がいかに貧しいかについて話すのではなく、自分の経済状態が向上しつつあることを強調してください。たとえば、友人と映画館に行くなら、「今はそんな経済的余裕はない」と言うのではなく、「料金を払う余裕は十分にある」と言えばいいのです。

また、「出費が多くて困る」「経済的に苦しい」「ツキに見放されている」などと言ってはいけません。ときとしてネガティブな気持ちになるのはわかりますが、マイナス面を強調すると言葉に感情がこもり、潜在意識の奥深くにそれを植えつけてしまうことになります。

それ以外にも排除すべきネガティブな言葉はたくさんあります。たとえば、「チャンスに恵まれない」「学歴がない」「年をとっている」「とても運が悪い」「苦境に陥って抜け出せない」「頭の働きが鈍っている」「家庭の事情が複雑だ」「世間から偏見の目で見られている」「健康状態がすぐれない」「したいことをする時間がない」「人生はすごく不公平だ」などなど。

これらの言葉は敗北主義的な心の持ち方を強化し、あなたを貧しい状態にとどめることになります。貧しいことの言い訳にしかなりませんから、これに類する言葉は一切使わないほうが賢明です。貧しいことを強調するようなセリフや振る舞い、考え方をふだんの生活から徹底的に排除しましょう。

周囲の人が困難な時期を経験していることについて不平を漏らしても、それにかかわってはいけません。その人たちの影響を受けそうだと感じたら、「私はもうこれらの人たちとは関係ない」と心の中で唱えましょう。冷たいようですが、長い目で見ると、交友関係を変えて、自信にあふれたポジティブな人たちとつきあうほうが楽しい人生を送ることができます。

不平を言う習慣は自滅につながります。たとえば、友人たちといっしょにダイエットを始めたとしましょう。後日、その人たちと会ったときに「このダイエットはすごくつらいね」と言うと、同情してもらえるかもしれません。しかし、こういうネガティブな発言はあなたを挫折《ざせつ》させることになります。

そこで、「このダイエットは効果抜群だ。私はどんどんやせている」と言えばいいのです。体重が全然落ちていなくても、体重が落ちているように言えば、心の姿勢がポジティブになって努力がだんだん実ります。

たとえ結果がまだ目に見えていなくても、お金の悩みをすべて解決したかのように振る舞い、そのように話しましょう。アファメーションを実行することによって、潜在意識に植えつけているイメージを強化する言葉を使うと効果的です。毎日、アファメーションを読んだり書いたりしても、いかにも貧しそうな振る舞いを続けているかぎり、結果が出るのは遅くなります。

あなたはできるだけ早く結果を出したいはずです。それなら、たとえ最初はうわべだけでも成功しているように振る舞いましょう。まもなく、その振る舞いを裏づける結果が出ますから、もはやうわべだけではありません。その後、友人と外出したときに「経済的に余裕があるので、私がおごってあげよう」と言うなら、あなたは真実を言っていることになります。

自信があるふりをしましょう。うわべを取り繕っていることに後ろめたさを感じる必要はありません。上手に振る舞うことが成功につながり、やがて本物の自信を与えてくれるのです。

自分が最終的になりたいと思うように振る舞ってください。たとえば、もし金持ちになりたいなら、すでに金持ちになっているように振る舞うのです。振る舞いは潜在意識に届いて、そのイメージを植えつけます。潜在意識は推論の能力をもっていませんから、自分の振る舞いをたやすく受け入れます。その振る舞いを続けていると、ふりをすることがどんどん簡単になっていくことに気づくはずです。他の人たちはあなたがふりをしている人を本当のあなたとみなします。やがて、あなたはそういう人になります。

シティバンクの頭取を務めた財界の大物フランク・バンダーリップは若いころ、裕福な知人に成功の秘訣《ひけつ》をたずねたところ、「すでに成功しているかのように振る舞うことだ」と教えられたそうです。つまり、すでに目標を達成したかのように話し、振る舞うなら、あなたは目標を達成することができるということです。

2　想像力を最大限に使い空想にふける

ほとんどの人は子どものころから「空想にふけるのは非生産的な行為だから時間の無駄だ」と言われて育っています。**しかし、これは真実ではありません。空想にふけることは潜在意識**

にじかに働きかける有意義な行為なのです。

昼間に非現実的な空想をたくましくすることを歓迎しましょう。

空想を歓迎すると、とくにアファメーションの内容について、よりひんぱんに空想にふけることになります。これはとてもいいことです。この行為はイメージトレーニングとして役立ちます。

空想を抑圧したり遮断したりする必要はありません。空想が現れたら、そのままにしておき、大いにふけりましょう。これほど生産的な行為は他にあまりありません。

興味深いエクササイズとして、一億円を手渡されて好きなように使っていいと言われたと想像してください。あなたならどうしますか?

このエクササイズを楽しみましょう。空想がバカげているとか恥ずかしいと思わないでください。空想は夢をかなえるための小さな一歩なのです。

空想は、お茶を飲んでいるときやベッドで休んでいるとき、地下鉄を待っているときなど、どんなときでもできます。想像上の話を展開してください。自分が理想の仕事に就き、夢の城を建て、世界のリーダーを説得し、王女を救出し、素敵な王子様と出会っている姿をイメージしてください。

空想は想像力のすばらしい贈り物です。空想することを終えて通常の生活に戻るまでショーを存分に楽しんでください。

3　幸運にはすべてつながりがあることに気づく

イメージを植えつけると、潜在意識はそのイメージを現実にする方法を見つける必要に迫られます。そこで、心はときには奇妙な戦略をとります。この戦略は幸運なつながりをもたらすことがよくあります。

幸運なつながりとは、自分のイメージを現実にする人や物、場所に出くわすことです。問題の解決策が幸運なつながりという形で目の前に現れることがよくあります。幸運なつながりに気づくことによって、目標達成をスピードアップすることができます。

心はじつに不思議な働きをします。いったん現実の再構築に取りかかると、その課題を遂行するためにどういう方法を使うのか予想がつかないほどです。しかし、する必要のあることが何であれ、潜在意識は必ず成功を収めます。

いったんイメージが植えつけられると、心は神秘的な力を作動させ、適切なエネルギーをあなたに与えます。これが実際に起きると、すべての物や環境があなたを目標達成に近づけるために不可思議な作用を受けているように見えます。神秘的な力によって、自分を助けてくれる状況に引きつけられていると感じるでしょう。こういう状況に気づいてください。ここには偶然の要素はかかわっていません。あなたの人生は計画どおりに展開しているのです。こういう状況がたいへん都合よく現れるので、それを無視しようとしてもできないくらいです。それに対して心の準備をしてください。

お金を引き寄せるイメージを潜在意識に植えつけると、お金に関係のある状況が現れます。たとえば、突然、すごい投資の機会に恵まれたり、富裕層の人たちが新しいアイデアについて話し合っている場所に遭遇したりします。たいていの場合、こういう現象は最初のうちはゆっくりと始まり、だんだん加速していきます。

新しい人脈をつくるのを恐れないでください。一見したところごくふつうの出会いでも、人生の何らかの問題解決につながる可能性があります。ある人がもたらしてくれる恩恵は、その人との関係から常識的に判断するとありえないように思えるかもしれませんが、それが幸運につながることがあるのです。

知人の女性の実例を紹介しましょう。アリスは都会の大病院で看護師として働いていました。担当していたフロアには、末期と診断された高齢の女性が入院していました。アリスはこの女性にたいへん親切にしました。この女性はアリスを信頼し、アリスは期待にこたえてやさしく接しました。アリスがこの女性の世話をしたのは、下心があったからではありません。この女性が莫大《ばくだい》な資産と影響力をもっていたことをまったく知らなかったのですから。

この女性は医者の診断に反してめざましい回復をとげました。彼女はアリスが一生懸命に面倒を見てくれたおかげだと感謝し、退院後、病院での収入の倍以上の給料で秘書として雇いました。この女性の資金援助と政治的影響力を背景に、現在、アリスは市会議員に立候補しています。

ここに驚くべき事実があります。この女性と病院で出会う十日ほど前、アリスは看護師の仕事に不満を感じていることに気づき、政治にかかわりたいと思っていたのです。その時点で政界に進出することは現実的ではありませんでしたが、そのためのアファメーションを書いていました。

アリスは賢明にも幸運なつながりに気づきました。この高齢の女性はその橋渡しをしてくれる存在だったのです。

あなたの人生にかかわってくるすべての人は、重要な役割を果たす可能性のある存在です。アファメーションを実行しているときに、どんな形であれ、あなたの人生にかかわってくるすべての人に心を開いてください。

たとえはっきりしていなくても、人生で起きることにはすべて理由があります。あなたの新しい人生で誰が重要な役割を果たすことになるかはわかりません。

いったん潜在意識が活動を始めれば、目標の達成を手伝ってくれる人に必ず出会います。そのときにかかわってくる人は、必要な支援と情報を提供してくれます。誰かが何気なく口にしたことが、あなたにとって重大な意味をもつこともあります。

意外かもしれませんが、人生の転機はふとしたことがきっかけで始まることが多いのです。実際、小さな始まりが大きな展開につながったケースを数え切れないくらい目の当たりにしてきました。

これらのつながりに気をつけて、それが現れたら敏感に反応してください。自分の身の回りで起きていることに注意を払ってください。幸運なつながりに目を向けてください。アファメーションを実行していると、それは必ずあなたの目の前に現れます。

4 不要なイメージは取り消して潜在意識の悪影響を防ぐ

ネガティブな思いはどうしても心に浮かんでくるものです。何をしているかに関係なく、不要なイメージがたまに思い浮かんできます。

ネガティブな思いを経験すると、ほとんどの人は神経質になります。悪い思いにとりつかれているように感じてパニックを起こし、できるだけ早くその思いを追い払おうとします。しかし、これは不要なイメージに対する最善の処置ではありません。

抑圧はけっしてよくありません。ネガティブな思いが浮かぶのを防ごうとすると、ストレスを引き起こし、かえってエネルギーを浪費するだけです。そういう試みは徒労に終わります。

たとえば、もし「ピンクのゾウを思い浮かべてはいけません」と言われたら、真っ先に思い浮かぶものは何ですか？　もちろんピンクのゾウです。つまり、ネガティブな思いを排除しようとすると、それはむしろ強まってしまうのです。不要な思いを抑圧しようとすると、エネルギーを浪費するだけでなく、その思いが現れる可能性が逆に高まってしまいます。

当然、あなたはそういうネガティブな思いが潜在意識に影響を与えるのを望んでいないはずです。では、どうしたらいいのでしょうか?

その方法を教えましょう。ネガティブな思いの影響をなくす魔法の言葉を使えばいいのです。その言葉とは、

「取り消し、取り消し」

不要な思いが現れても心配する必要はありません。それを抑圧するのではなく、そのままにしてください。そして、その思いが少し弱まってきたら、すぐに「取り消し、取り消し」と自分に言い聞かせるのです。この言葉は、不要な思いが潜在意識におよぼすおそれのある影響をすべて帳消しにします。

もし不要なイメージを思い浮かべていることに気づいたら、あわてないでください。もしかしたら、空想にふけっているさなかに、突然、ひどい出来事を鮮明に想像しているのかもしれません。このシナリオを最後まで続けて、「取り消し、取り消し」と自分に言い聞かせましょう。このテクニックを使えば、破壊的なイメージが潜在意識に影響をおよぼすのを防ぐことができます。不要なイメージが思い浮かんだら、この言葉が自然に出てくるようにしてください。

たとえば、次のような状況がそうです。

- 車を運転しているとき、崖《がけ》から転落するイメージが思い浮かぶ。
- 友人宅を訪ねたら、その人があなたに危害を加えようとするイメージが思い浮かぶ。
- パソコンで表計算をしていたら、事業が破綻《はたん》しているイメージが思い浮かぶ。

こういう不要なイメージが思い浮かぶのは日常茶飯事です。病気とか異常というわけではありません。極秘に行われた調査で、大多数の人が不要なイメージ、場合によってはかなり奇怪なイメージを思い浮かべていることがわかっています。

そのイメージがどんなに鮮明で強力でも、今ここで紹介しているテクニックを使えば、潜在意識への悪影響を防ぐことができます。そのイメージがどんなに恐ろしくても、最後まで展開させて、「取り消し、取り消し」と自分に言い聞かせながらリラックスし、どんな悪影響も取り消すことができたことに安心してください。

現在、このテクニックは世界中の多くの自己啓発セミナーで伝授されています。それらのセミナーの受講料は一万円から四十万円です。しかし、このテクニックを活用する人にとっては、その値段でも十分に元がとれます。

5　経験から学んで軌道修正すればいい

二十世紀前半に活躍した実業家チャールズ・シュワッブは、当時のお金で百万ドルを超える莫大な資産を形成しました。晩年、「私は四九パーセントの確率で失敗したが、五一パーセントの確率で成功した」という言葉を残しています。つまり、この二パーセントの差が決定打になるということです。

物事がうまくいかないとき、それにこだわって思い悩む必要はありません。前を向いて挑戦を続ければいいのです。人生では勝つこともあれば負けることもあります。この現実を受け入れましょう。負けの数よりも勝ちの数が少しだけ上回るように努めれば、たとえたくさん負けたとしても、全体的に見ると成功していることになります。

たしかに、人生ではうまくいかない状況に遭遇することもあります。しかし、そういう状況を絶望的とみなすと問題が発生します。たとえば、車でパーティーに行く途中で道を間違ったとしましょう。「もうダメだ」と思ってあきらめるべきでしょうか。もちろんそんなことはありません。間違いから学んで軌道修正をすればいいのです。じつは、人生もそれと同じことがいえます。

人生のどの分野であれ、いつも順風満帆《まんぱん》に歩んでいる人は一人もいません。成功への道は挫折で敷き詰められています。何かを達成しようとすると、途中で困難な時期を経験するものです。順調に進んでいるようでも、急に偶発的な出来事が発生することがよくあります。偶発的な出来事を全体の中の一部として受け入れましょう。

成功者の伝記を読むと、全員が失敗を犯し、逆境に耐え、挫折を経験していることがわかります。しかし、彼らは必ず途中で何かを学んでいます。成功への道で何が起ころうと、それから教訓を学ぶという姿勢が重要です。

6 勇気を出して何度でも挑戦する

人間はさまざまなことを恐れます。たとえば、批判、貧困、失恋、別離、病気、老化、死亡などです。恐怖は理性的に考える能力を阻害し、想像力を麻痺《まひ》させ、意欲を減退させ、情熱を喪失させます。人間は恐怖にかられると、成功に向かって邁進《まいしん》できなくなるのです。

恐怖は何の役にも立ちません。恐怖を乗り越える必要があります。

やりたいことがあるなら、勇気を出して実行しましょう。何かをやりたいと思うのには必ず理由があります。直感にしたがって行動を起こしましょう。

もちろん、間違いを犯すこともあります。しかし、それを恐れてはいけません。間違いは人生の一部ですから、気にすることはありません。思いきって挑戦しましょう。失敗してもかまいません。もし成功したら、何かを得ることができます。

これだけは確実にいえます。挑戦しなければ、絶対に成功しません。

失敗するのではないかと心配する必要はありません。あなたは何度でも成功することができるのですから。

自分に自信をもってください。すでに何度か成功していることを思い出せば、楽観的になることができます。自信は成功を生み、成功はさらなる自信を生みます。さらなる自信はさらなる成功を生みます。この好循環を活用してください。

勇気を出しましょう。しくじるのではないかという予測をして恐怖におののいてはいけません。何度も挑戦しましょう。あなたは恐怖から解放された新しい人生を切り開きつつあります。少しの勇気があれば、人生を軌道に乗せることができます。

7　愛する人との関係を深める

愛を求める人間の基本的な欲求は、成功の秘訣の重要なカギです。愛にあこがれる気持ちは、アイデアから現実を生み出すのと同じ力によって発揮されます。

愛を求める本能は、ほとばしるエネルギーのなせるわざです。恋愛の高揚感、セックスの興奮、愛し合う関係の喜びは自尊心を高め、成功を収めて繁栄を享受する能力につながります。

人を愛すると生命の躍動感にあふれます。異性と親密な関係を築くと、潜在意識が魔法をかけるのに使うのと同じエネルギー源を刺激します。そのエネルギーをつねにあふれさせてください。

愛する人がすでにいるなら、その人との関係を深めましょう。愛する人がいないなら、あなたの人生にかかわってくる人を受け入れましょう。

愛につながる可能性のある出会いをつくるために心を開きましょう。自分のほうにやってくる人には健全な好奇心をもちましょう。

愛よりもすばらしいモチベーションの力はありません。成功に向かって邁進するために、愛する人との関係を深めましょう。新しい人と恋に落ちることであれ、配偶者との関係をふたたびかきたてることであれ、自分は年をとりすぎているとか魅力がないと思ってはいけません。そんなことはないのですから。

すばらしいことはつねに起こります。成功への道を歩んでいる人は、すばらしいことがつねに自分の身に起こることを「予想」しています。

8　いつも上を向いて進んでいく

ほとんどの人は年齢とともに心身が衰えていきます。顔つきも弱々しくなってきます。前進の筋肉もたるんできます。精神的にもふさいできます。背中が丸まってきて、うつむきかげんになります。

しかし、あなたはそうなってはいけません。いつも上を向いて生きていきましょう。

毎日少なくとも一回は空を見上げてください。顔を上に向けて、まっすぐ上を見ましょう。

そして、気分が高揚するような思いを抱いてください。心身ともに上昇していくことを考えましょう。あなたはこれから上昇を開始するのですから。

うつむいていることに気づいたら、視線を上に向けましょう。上を見るという肉体的な行為は、潜在意識にポジティブなメッセージを伝える精神的な作用をもっています。

できるかぎり背筋を伸ばして視線を上げましょう。空からの魔法の力によって自分の体がふんわりと宙に浮いているような姿を想像してください。足取りを軽くし、俊敏に動きましょう。

人生の重荷に押しつぶされそうになるのではなく、人生の喜びに飛び跳ねるような気分で自分を鼓舞してください。

うつむいていても、いいことは何もありません。顔と体が老け込み、精神的に滅入ってくるだけです。上を向いて明るい気持ちで生きていきましょう。

9　希望をもって未来の変化を歓迎する

過去は昨日で終わりました。未来は今日から始まります。後ろを振り返ってはいけません。悪い時期を回想するのをやめましょう。不快な過去の経験に意識を向けると、そのネガティブなイメージを強めることになります。あなたはそんなことを望んでいますか？

過去にこだわるのではなく、明るくて希望に満ちた明日を予想しましょう。未来にワクワクしてください。

人生で変化が起きはじめたら、それを歓迎しましょう。お金の流れが始まるとものすごい勢いでやってきますから、あわてないように心の準備をしておいてください。落ち着いて、それを受け入れましょう。

お金に関する新しい展開を歓迎してください。自分の人生に訪れた変化を祝福しましょう。なぜなら、変化こそが新しい人生への入り口なのですから。

10 いきいきと活発でありつづける

いつも活発であるように努めましょう。精神的にも肉体的にも怠惰であってはいけません。いきいきとしたライフスタイルを実践することが大切です。

ただし、やりすぎないように気をつけてください。成功するために気力と体力の限界までがんばる必要はありません。生活の中で活発さを維持すればいいだけのことです。

これは奇抜な考え方ではありません。一日中何もせずにぼうっとしている状態を避けたほうがいいといっているだけです。無気力さは創造的エネルギーを枯渇させます。生活に少しの活発さを付け加えれば、人生全体が向上します。

活発な肉体は絶えず強くなります。
活発な精神はますます磨かれます。
活発な生活は繁栄をもたらします。
活発さは心臓の働きをよくして、血液の循環を改善します。
活発さは新しいアイデアを生み、新しい人を迎え入れます。

活発さは潜在意識の力を強め、願望の実現を可能にします。

私は長年にわたり成功者の行動パターンを研究してきました。作家、芸術家、音楽家、大富豪、政治家、実業家、映画俳優といった著名人を綿密に調査したところ、たった一人の例外もなく、潜在意識の力を活用していました。どの成功者も目標についての鮮明なイメージを心の中に植えつけていたのです。どの分野であれ、ある程度の成功を収めた人たちの人生を調べると、これと同じ原理を使っていたことがわかるはずです。

もちろん、すべての成功者がアファメーションを実行していたわけではありません。しかし、自分が望んでいるイメージを何らかの方法で潜在意識に植えつけていたことは事実です。

私が伝授したアファメーションのテクニックは、望んでいるイメージを潜在意識に植えつけるためのこの世でもっとも簡単な方法です。アファメーションは「相乗方式」の一部です。アファメーションを読んだり書いたりするとき、「お金を引き寄せる力」を最大化しています。

お金は内気で繊細です。だからやさしい気持ちで引き寄せなければなりません。あなたは今、それをするための簡単かつ確実な方法を学びました。お金はそれを引き寄せる心をもっている人のほうに流れてきます。

いったん大きなお金があなたの生活に流れてきたら、水が高いところから低いところに流れるように自然に流れてきます。お金はあなたのほうにたくさん流れてきますから、心の準備をしておいてください。

第3部

お金を引き離す力を最小化する

第7章

お金を引き離さないためにはどうすればよいか？

お金に影響をおよぼす二つの力

第3部では、「お金を引き離す力」を最小化する方法を学ぶことになります。引き離しの法則を発見し、「お金を引き離す力」を弱める具体的なテクニックを学びます。このテクニックを実行すれば、何をしても豊かさを手に入れることができます。

微妙な力が人生のあらゆる分野に影響します。私たちが暮らす動的な世界では、単独で働く力は存在しません。すべての力が正反対の力をともないます。これはお金に働きかける力についてもあてはまります。

第2部では、「お金を引き寄せる力」について学びました。しかし、お金に影響をおよぼしている力はそれだけではありません。もしそうなら、あなたは世の中のお金を集めて、誰もあなたから一円もとることができないはずです。

「お金を引き寄せる力」は「お金を引き離す力」によって打ち消されます。「お金を引き寄せる力」がお金をあなたに近づけるのに対し、「お金を引き離す力」はお金をあなたから遠ざけます。この力は引き離しの法則の厳密な影響下にあります。

引き離しの法則とは、どんなイメージに対する異常な執着であれ、そのイメージが現実にな

るのを妨げる方向で働くことです。

ここでいう執着とはアディクション（嗜癖《しへき》あるいは依存症）と同意語です。無精ひげを生やした小汚い男がよれよれの服を着て、酒瓶を片手に裏通りをとぼとぼと歩いている姿を連想するかもしれません。半病人のような風貌《ふうぼう》、何日も洗っていない頭髪、注射の跡がある腕、アルコールの臭いと強い体臭、近寄ると窒息しそうな口臭。考えるだけでぞっとします。

たしかに、これは依存症に対する一般的な認識ですが、たいへん偏っていて不正確です。少なくとも、お金に対する依存症はそれよりもずっと隠微で、はるかによくあります。

執着は不幸を招く

辞書によると、アディクション（嗜癖あるいは依存症）は「絶えず何かを強く求める性癖」と定義されています。しかし、本書では依存症すなわち異常な執着をさらに踏み込んで定義し、「抑制できないほど激しい欲求」とみなします。

執着は単なる欲求とはまったく異なります。何かに執着している人はつねに切迫感をもち、欲求を満たすために感情をあらわにします。そして、欲求が満たされなければ、精神的（そしてときには肉体的）な苦悩にさいなまれます。

執着は内面の痛みで、それを和らげなければ感情的な混乱を引き起こします。欲求が満たされなければ不快な感情を引き起こすように心理的に刷り込まれているのです。執着の基本的な特徴は、単なる欲求とは違い、満たされなければ強い不満を感じることです。

抗しがたい激しい欲求を満たすために、自分の価値観に反する行いをし、責任を放棄したことがあるなら、執着とはどんなものかが理解できるだろう。

——シャーロット・デービス・カスル（アメリカの心理学者）

執着は二つの方法の一つで機能します。すなわち、絶対に何かを手に入れたいと思うか、絶対に何かを避けたいと思うか、です。

しかし、執着の破壊的な性質に関するかぎり、どちらも違いはありません。どちらにしても、執着は非生産的で無分別な行為につながります。

お金に執着している現代人

現代人はメディアが発信する情報の洪水にさらされています。人びとはふつうに暮らしていると、日常生活に不満を抱かせることを意図した無数のメッセージを受け取っています。毎日、老若男女を問わず、大勢の人が心理操作を狙《ねら》った巧妙な広告を目の当たりにしているのが現状です。

「高級車を運転して初めて成功者だ」
「映画スターのようになって初めてセクシーになれる」
「美男か美女と結婚して初めて幸せになれる」
「億万長者になって初めて尊敬される」

こんな社会環境で暮らしているかぎり、すぐに執着のとりこになってしまいます。誰もがいろいろなことに執着していますが、誰もそれに気づくことすらありません。人びとは執着をもっていて当然だと思っています。執着は社会全体に浸透しているので、ごくふつうの現象として通っています。人によってその示し方に強弱があるものの、誰もが何かに執着しています。

人はみな依存症患者のようなものだ。誰もが何かに対して執着している。
——ドン・ハミルトン(アメリカの作家)

執着は個人に限定されるわけではありません。集団も政治的な思惑によって執着をもって行動します。たとえば、国家や地域、民族が自分たちの確信に固執してイデオロギー論争に発展すると、戦争が勃発《ぼっぱつ》します。人類の歴史は長く苦しい争いの連続ですが、執着に起因する間違った信念の結果と解釈すれば容易に理解できます。

執着の兆候はいたるところに見受けられます。実際、仕事や遊びも執着の対象になることがよくあります。

このように考えると、これほどまでに多くの人がお金に執着しているのは不思議ではありません。

ほとんどの人は自分が何かに執着していることに気づいていません。執着はつねに明白だとはかぎりませんが、いつも破壊的です。

たとえば薬物やアルコールに対する執着なら、明白な悪影響があります。一方、たとえば富や名声に対する執着は、明白な悪影響をおよぼすわけではありません。これらの執着は快適で建設的な要素をもっているように見えます。しかし、対象に関係なく、あらゆる執着は同じように破壊的な傾向をもち、不満感や不快感につながります。

何かに執着していて、それが手に入らなければ、当然気分が悪くなります。しかし、もしそれが手に入っても、それを失うことを絶えず心配しますから、やはり気分が悪くなります。このように、執着をもっていると、その対象が何であれ、必然的に不幸になります。

執着は無力感にさいなまれている状態です。現在、たばこやアルコール、薬物などに対する執着を改善するための組織がたくさん存在します。そして、そのすべてのプログラムが「私たちは自分が無力だったことを認めます」と宣言することから始まります。「好み」から「執着」へと一線を越えると、コントロールできないほど激しい欲求に翻弄《ほんろう》されることになります。

執着は最大の難敵である。われわれはみずからがつくった鎖で自分を奴隷にしておきながら、その鎖を制御することができない。

――ジェラルド・メイ（精神科医）

極端な場合、執着はあなたを孤立状態に陥れます。家族や友人を遠ざけ、責任を回避するからです。あなたは執着の対象しか眼中にありません。あなたは欲求を満たそうといつも必死の思いで生きています。朝起きて最初の思いから夜寝る前の最後の思いまで、欲求を満たす方法ばかり考えています。あなたにとって、それ以外のことは重要ではありません。

仕事や人間関係を維持して外面上は何とか平静を装うかもしれません。しかし、心の中では執着が夢と希望を破壊しています。これが執着の特徴です。あなたはいつも不安感と絶望感にさいなまれます。

たとえ欲求を満たして何らかの快感を得ているように見えても、それはつねに浅薄で短命です。欲求を満たしたとたん、何らかのきっかけで快楽が得られなくなるのではないかと心配になります。現在の快楽を過去の快楽と比較して物足りなくなってきます。ふたたび快楽が得られるかどうか不安におびえます。**執着によって得られる一時的な快楽がどんなものであれ、それは真の幸福と呼べる代物ではありません。**

執着をもっていると、心配のために絶えず悩まされます。これは避けることができません。満たされないのではないかと思うと恐怖を感じるほどです。満足感が得られなければ苛立《いらだ》ちを感じます。自分の満足感の源泉を誰かに盗まれている様子を想像すると不安でたまらなくなります。満足感を得るのを妨げる出来事が発生すると怒りを感じます。満足感が十分に得られなければ気分を害します。安定的に供給されなくなれば、ひどく心配になります。供給が途絶えれば、あわてふためきます。これらの感情はすべて心配につながります。あなたはあらゆることについて心配します。心配が尽きないことを心配するほどです。

何かに執着していると、人生をゆがんだ形で経験することになります。ささいな問題を大げさに受け止め、絶体絶命のピンチだと思い込んでパニックを起こしてしまうのです。あなたの感情は一気に高揚したかと思うとたちまち急降下します。

これが極端なケースであることは認めます。すべての執着がいつもこんなふうに顕著な傾向を示したり悲惨な事態を招いたりするわけではありません。執着にはさまざまな程度があり、極端な場合のみ症状が明白になります。軽度の執着なら、兆候をほとんど示さず、自分にも他人にも正常に見えます。

しかし、どんなに控えめであっても、すべての執着は同じ特徴をもっています。程度の差に関係なく、執着はつねに心配と不幸というネガティブな心の状態につながるからです。残念ながら、過酷な苦悩に満ちた執着という心の状態は、あなたが望んでいるものをもたらすことはありません。

執着はその対象を遠ざける

執着は強迫観念を助長して不快な経験につながります。執着をもっていると不満と絶望にさいなまれます。

しかし、執着がその対象を遠ざけることを理解している人はほとんどいません。執着は不満を増大させるだけでなく、望んでいる対象を手に入れるための最悪の方法なのです。

何かをひどく心配するあまり、最悪の事態が発生した経験はありませんか？

何かに執着しているために、どれだけがんばっても、それが手に入らなかった経験はありませんか？

引き離しの法則によると、執着はその対象を遠ざけます。

世の中は引き離しの法則の実例であふれています。

- 麻薬中毒者は、麻薬を手に入れるためにもがき苦しみます。
- 過食症の人は、食料を十分に手に入れることができません。
- 他人に承認されたがる人は、自分に自信がもてなくて悩んでいます。

・セックス依存症の人は、決まった相手を見つけることができません。
・お金依存症の人は、お金をいくら手に入れても満足できません。

当然、あなたは自動車事故を起こしたくないはずです。ある男性は自動車事故を起こしたくないと思っていただけでなく、そういう思いに執着していました。車に乗るたびに、事故を起こすかもしれないと悩んでいました。最近、この男性は大規模な玉突き事故に巻き込まれました。いつも安全運転を心がけていたのですが、事故を起こすのではないかという心配が執着となって逆効果になってしまったのです。

ほとんどの人は、何かを必要とすればするほど、それを手に入れる可能性が高まると思っています。しかし、実際はその逆です。激しい欲求にもとづいて何かを手に入れようとすればするほど、その対象を遠ざけることになるからです。**逆に、執着を和らげると、対象を遠ざける力を弱め、欲しいものを手に入れる可能性を高めることができます。この考え方は逆説的なようですが、論理的には合っています。**

執着をイメージトレーニングと混同しないでください。この二つはまったく異なるものです。執着は破壊的でネガティブな心の状態を助長するため、効果的な行為をすることができません。一方、健全な欲求は建設的でポジティブな心の状態を促進し、望んでいるイメージを植えつける行為をしやすくします。あなたは執着をもつことなく、何かに対するイメージを潜在意識に植えつけることができます。

潜在意識は執着に対して好意的に反応しません。心はそれをひどく嫌うのです。**潜在意識は激しい欲求を拒絶します。つまり、潜在意識は執着の対象を遠ざけるということです。何かに執着すると、ふつうならそれを実現するために使われるエネルギーが、それを引き離すために使われます。**

執着は病的な行動のサイクルにつながります。執着の対象が遠ざかれば遠ざかるほど、あなたはそれを必死で追い求めます。必死になればなるほど、あなたは不満を募らせます。不満を募らせれば募らせるほど、目標を達成しようとして多くの障害に遭遇します。言い換えると、何かに執着すると、それを手に入れるのがますます困難になるということです。

欲しいものを手に入れることが、苦しみから抜け出すための唯一の解決策のように見えます。しかし、この偏狭な姿勢は、あなたが望んでいることとは正反対の結果をもたらします。目標の達成がさらに困難になるからです。

ごく身近な例で説明しましょう。歌の題名が思い出せなかったことはありませんか。その歌をよく知っていて、何度も聴いたことがあるのに、いくら思い出そうとしても題名が出てきません。そこで、思い出すのをあきらめると、題名がふと思い浮かんでくることがあります。これは引き離しの法則の実例です。

歌の題名を思い出すことに執着しているかぎり、あなたの心は落ち着きを失って活発な働きができなくなります。しかし、その執着を捨てると、答えがすぐに目の前に現れます。これが、執着がその対象を遠ざけるメカニズムです。

あなたは執着が自分にとっていいもので、それが自分の欲求について絶えず考えることにつながると思いたいかもしれません。しかし、執着という「暴君」の下で、あなたはエネルギーを非効率に使っています。あなたは執着していなければもっとうまく使えたかもしれないエネルギーを浪費しているのです。

現実を直視してください。何かに執着していると、潜在意識がその対象を遠ざけ、計画を台無しにします。執着はあなたがすることなすことすべてを打ち消し、目標の達成を妨げる力をもっているのです。

執着は邪悪でも罪悪でもなく、単に浅薄なのです。執着はあまりにも多くのエネルギーを奪います。目標に固執し達成しようとしても、結局、いつも徒労に終わります。

執着すると成功も遠ざかる

人びとはさまざまなことに執着しています。セックス、食べ物、薬物、車、スポーツ、パーティー、テレビは執着の対象になりやすいものです。人びとは地位や権力、名声、人気に対しても執着しています。目標や野心、考え方、偏見、信念に対してもたやすく執着することがあります。このように、すべての活動や状況が執着の対象になりうるのです。

だから、人びとがお金に執着しないはずがありません。実際、人びとは起きている時間の大半をお金について考えながら過ごしています。お金は人生の中で大きな役割を果たしています。お金の魅力は社会を動かしています。つまり、現代社会に暮らす人のほとんどが、お金に執着しているのです。言い換えると、程度の差こそあれ、大多数の人が「お金依存症」を思っていることになります。

この話題が自分にとって無関係だと思わないでください。それどころか、あなたにとって大いに関係があります。

あなたが誰であれ、お金に対してある程度の執着をもっています。顕著な兆候を示しておらず、先ほど紹介した極端な執着とは無縁かもしれません。しかし、あなたはお金に執着しています。ただし、これはあなたに対する侮辱ではありません。あなたが現代社会を構成する一員だというだけのことです。

お金に執着している人は、他の人たちと外見上はまったく変わりません。だから群衆の中からそういう人を見分けることはできません。なぜなら、あなたや私と同じような外見で、行動パターンも似ているごくふつうの人たちだからです。たとえば、実業家、サラリーマン、OL、建築家、工場労働者、職人、ウエーター、ウエートレスなどです。

この人たちは「私はお金に執着しています」と宣言するプラカードを掲げているわけではありません。アルコール依存症や薬物依存症の人と違い、「お金依存症」の人はごくふつうで、とくに人生を台無しにしているわけではありません。路上生活者としてゴミ箱をあさっているわけでもありません。何かに執着して、見るからにもがき苦しんでいる人のようにはまったく見受けられません。「お金依存症」を患っている人とは、あなた、あなたの家族、あなたの親《しん》戚《せき》、あなたの友人、あなたの知人です。

親は知らず知らずのうちに依存的なものの見方を子どもに伝える。子どもはそれを断ち切ろうとするかもしれないが、幼いときに身につけた執着はそのまま残る。

――ブライアン・ロビンソン（アメリカの心理療法士）

お金に執着するためには、金持ちである必要はありません。一文無しでもお金に執着することがよくあります。私はこれまで、多くの低所得者がお金に対する抑えがたい執着をもっているのを見てきました。薬物依存症になるために大量の薬物が必要でないのと同様、お金依存症になるために大金は必要ありません。

お金に執着することが自由で豊かな人生を送るのに役立つというのなら、それはけっこうな話です。その場合、執着の苦痛に耐えるだけの価値があるといえます。

しかし、現実にはそんなことはありません。お金に対する執着は、経済的にゆとりのない人生、いくらがんばっても金欠に苦しむ人生、借金まみれで破れた夢にさいなまれる人生につながるからです。つまり、お金に執着しても何の見返りも得られないということです。

お金に執着すると、人生の敗残者として生きるはめになります。どんなに努力しても、物心両面で豊かな人生を手に入れることはできません。お金に対する執着は微妙で気づかないかもしれませんし、人生を明らかに破滅させることはないかもしれません。しかし、心の奥底では、お金に対する執着は成功を阻む方向で働くのです。

お金に執着しながら財産を築こうとしても、けっしてうまくいきません。執着は自滅につながる「罠《わな》」なのです。サルを捕まえるためにインドで使われている罠のようなものです。ココナツの実にサルがやっと片手が入るくらいの穴を開けて、中に小さなエサを入れておくと、まもなくサルがやってきて、そのエサを取ろうとして手を突っ込みます。しかし、手でエサを握ると、そのこぶしは大きすぎて穴から手を抜くことができません。サルはエサを離そうとしないために、罠にはまって逃れられなくなります。このサルと同じように、ほとんどの人はお金に執着したまま、いつまでも貧しい状態にとどまるのです。

お金ほど習慣性の強いものはない。

——ドン・マーキス（アメリカの詩人）

あなたはこう質問するかもしれません。

「お金に執着することについて、そんなに真剣に考える必要があるのか？　ある程度なら、いいのではないか？　お金に執着すると、どんな実害があるというのか？」

これは思慮深い質問です。では、逆に質問させてください。

「あなたは成功したいですか？　お金の悩みから解放されて自由に生きたいですか？」

もしその答えが「イエス」なら、お金に対する執着について真剣に考えなければなりません。

お金に執着したまま生きているから、経済的に困った事態に陥って抜け出せなくなるのです。

自分が直面している状況について何もしないなら、現状はいつまでたっても変わりません。

お金に対する執着は心理的な緊急事態であり、あなたを内面からむしばむおそれがあります。

今こそ、この不吉な兆候を是正すべきです。あなたはそれをすることができます。そのための簡単な解決策がありますから、それをこれから示しましょう。


仏教では四聖諦《ししょうたい》が信仰の中心になっています。端的にいうと、その四つの真理とは①人生は苦しみをともなう、②苦しみの原因は執着である、③執着を断ち切ることが悟りの世界にいたることである、④それをする方法は存在する、ということです。

ここでいう執着にはお金に関するものも含まれます。

現在、どんなに状況が好ましくなくても、あなたはまもなくそこから抜け出すことができます。自由があなたを待っているのです。

第8章

「執着」を「好み」に高める

現代人の最大の問題とは?

あなたは何かについて心配したことがありますか?

ストレスや不安を感じたことはありますか?

もちろん、あるでしょう。現代人にとって、心配は人生の一部です。

心配とは、起こるのではないかと思っている想像上の出来事や不都合な結果が差し迫っているかもしれないという恐怖に対する心の状態です。

心配は健康や心の平和、人生の楽しみを奪ってしまいます。徐々にではありますが、着実に心身にダメージをおよぼします。心配にとりつかれている人はみじめで、大きな価値を生み出すことができません。


心配は、何かに執着していることを示すバロメーターです。心配事が少しでもあるときは、必ず何かに執着しています。心配の根源をたどると、自分を悩ませている執着の正体がわかるはずです。

世論調査の結果、現代人が心配していることの内容を順番に並べると次のようになることがわかっています。

①お金　欲しいものが買えない、経済的に不安定だ、請求書の支払いができない
②健康　病気、苦痛、緊急事態、手術、愛する人の病気、老化
③家族　結婚生活の破綻《はたん》、家庭内暴力、老人介護、子どもの進学問題と素行不良
④犯罪　強盗、詐欺、恐喝、殺人、暴力団、都市の治安悪化
⑤孤独　友人がいない、恋人がいない、愛のない暮らし
⑥仕事　仕事への不満、上司との確執、同僚との不和、雇用不安、失業
⑦政治　保守と革新の論争、国内問題、国際情勢、戦争、価値観の対立
⑧地位　社会的なプレッシャー、不安をかきたてるスキャンダル
⑨信仰　魂の救済、信仰の維持
⑩信条　優柔不断な態度、低い自尊心、先延ばし、生活上の悩み

お金がこのリストのトップであることに気づいてください。お金は人生の他の何事よりも多くの心配を生み出すのです。お金は健康や家族、犯罪、孤独、仕事、政治、地位よりも大きな悩みの原因になっています。つまり、お金は現代社会における執着の最大の対象なのです。

なるほど、こんなにも多くの人がお金の問題に直面しているのもうなずけるでしょう。実際、専門家のカウンセリングを受けている人の九割が、お金について心配していることを認めてい

ます。たとえば、請求書の支払いができない、安定収入が得られない、お金がないので食料品すら買えない、といったことです。

生活費がなければ、恥ずかしさや情けなさにつながり、自尊心の欠如に苦しむことになります。自分を信じてくれていた人をがっかりさせたという罪悪感にさいなまれます。

お金について絶えず心配している人は、お金に執着しています。

あなたはそういう人たちの一人ですか?

自分の経済状況について心配したことがあるなら、お金への執着をある程度もっています。現在、お金について心配しているか、過去にそういう経験があるのなら、これからの話はあなたにぴったりです。

執着から解放されるにはどうしたらよいか?

目覚めてください。あなたのお金への執着は、あなたを破滅させる方向で働いています。静かに、しかし着実に、夢と希望を打ち砕き、成功を遠ざけています。あなたはお金への執着にいち早く対処する必要があります。

あなたはお金への執着から解放されたいと思っているはずです。

その気持ちはよくわかりますが、そういう願望をもっているだけではお金への執着から自由になることはできません。

お金への執着から解放されるためにはもっといい方法があります。実際、これはそのための唯一の方法です。その方法を教えましょう。

それは、「執着」を「好み」に高めることです。

この考え方はたいへん重要ですから、よく理解してください。執着から解放されるための方法は、それを抑圧したり破壊したりすることではありません。あなたがしなければならないのは、「執着」を「好み」に高めることです。そのためには、欲求に対する姿勢を根本的に変える必要があります。

このプロセスを理解するには、「執着」と「好み」の違いを知らなければなりません。

執着の場合、あなたはひたすら心配します。執着の対象に意識を向けると精神的に緊張しますが、これは恐怖に由来します。感情にもとづく激しい要求があると、欲しいものが手に入らないのではないか、たとえ手に入ってもずっとしがみつくことができないのではないかと心配します。何かに執着していると、たとえそれが満たされても、ずっと維持できないのではないかとすぐに心配になり、執着を永続させることになります。

一方、**好みの場合、あなたは心の平和を得ることができます。**欲しい対象について考えるとき、恐怖や不安や嫉妬《しっと》に由来する反応を示さず、平然としています。好みの場合、落ち着いて考えることができるのです。

たとえば、週末に自転車旅行を計画しているとしましょう。当日が来ました。旅の必需品を自転車に装備し、昼食も用意しました。あなたはワクワクし、出発を待っています。ところが、そのとき大雨が降ってきました。その計画に執着しているので、あなたは怒り狂います。計画が台無しになったと感じ、「どうしていつもこんなことになるのか」と怒り狂い、不満を爆発させます。一日中、あなたはこの不快な感情に悩まされます。

一方、好みの場合、雨が降って欲求を満たせないことがわかると、すぐに気持ちを切り替えて自転車の荷物を降ろし、家の中に戻ります。友人に電話するか、本を読むか、パソコンでゲームをして余暇を楽しみます。その後、用意していた昼食をとります。どんな展開になっても適応して一日を満喫します。そして、すばらしい一日を送ります。好みなら、このように何が起きても楽しく過ごすことができるのです。

人生を充実させる秘訣《ひけつ》は、単によいカードをもつことではなく、ときにはよくない手でもうまくやっていくことだ。

——ロバート・ルイス・スティーブンソン（イギリスの作家）

執着を満足させられなければ、冷静さを失って狼狽《ろうばい》します。

好みを満足させられなくても、平静を保つことができます。

執着の場合、とらわれの身で恐怖におびえて過ごすことになります。

好みの場合、自由の身で無限の可能性を追い求めることができます。

執着はいつも不快で不幸な気分につながります。

好みはいつも快適で幸せな気分につながります。

何らかの欲求をもっているとき、二通りの展開が考えられます。欲求が満たされるかどうかです。執着の場合、欲求が満たされなければ、みじめな気分になります。たとえ欲求が満たされても、みじめな気分になります。一時の安らぎを得るかもしれませんが、長続きしないからです。結局、その安らぎにしがみつこうとして、すぐにまた苦しい思いをするはめになります。

一方、好みの場合、たとえ欲求が満たされなくても大丈夫です。なぜなら、必死になって欲求を満たす必要はないからです。欲求が満たされれば、うれしい気分になります。うきうきして上機嫌で過ごすことができます。喜びを妨げるおそれのあるものに対して身構える必要はありません。**「執着」を「好み」に高めると、たとえ欲求が満たされなくても、なりゆきを存分に堪能《たんのう》することができます。**

心をリセットして人生を楽しむ

「執着」を「好み」に高める作業は、内面のプロセスです。この作業をするとき、自分の心をリセットすることになります。どんな展開になってもつねに満足できるように設定するのです。「執着」が「好み」になるときに起こる心の変化は、心のプログラムの書き換えを意味します。外的な条件が執着をつくるわけではありません。内面の感情的な設定が執着の性質を決定するのです。したがって、この設定を変えなければなりません。あなたはそれをすることができます。その方法を知りさえすれば、「執着」を「好み」に高めるのは簡単です。

心の持ち方を変えれば、すべてが変わる。

――アンソニー・デメロ（アメリカの心理療法士）

この変化を起こすとき、自分のライフスタイルを変える必要はありません。あなたは今までどおりに生活することができます。「執着」を「好み」に高めることは内面で起きるプロセスで、心の中の感情的な設定に影響を与えます。

もちろん、あなたは今までどおりに振る舞うことができます。ただし、その根底にはもはや執着は存在しません。執着を手放せば、あなたの行動は洞察と知恵にもとづく落ち着いたものになります。

これまで、あなたは激しい欲求を満たすために外的な条件を変えようと苦しみもがいてきました。しかし、これからは新しい生き方をすることになります。あなたは問題の根源を改善し、心に染みついた執着を断ち切ります。無分別な執着に翻弄《ほんろう》されながら生きていくのではなく、理性的な好みにもとづいて選択をすることができるのです。

この変化は欲求を無視するということではなく、欲求を満たそうとする偏執的な思いを捨てるということです。「執着」を「好み」に高めると、新しい可能性に満ちた世界が広がってきます。

執着はつねに不要です。執着から解放されると、精神的負担のために苦しむことなく、自由な人生を謳歌《おうか》することができます。

執着をもつと、人生を存分に楽しむことができなくなります。しかし、もし執着のために心が乱されなくなれば、充実した人生を送ることができます。

「執着」を「好み」に高めれば、欲しいものをより早く、より少しの労力で手に入れることができます。もはや心配のためにびくびくする必要がなくなります。執着をもつことの代償はあまりにも大きいといわざるをえません。「執着」を「好み」に高めることは、損失を削減する最高の方法です。

「執着」を「好み」に高めることを抑圧だと考えないでください。この変化は自分の気持ちを抑圧することではなく、自分の心をリセットすることなのです。

あなたはお金が自分からどんどん流れていくことにうんざりしていませんか？
もしそうなら、あなたは「執着」を「好み」に高める必要があります。私は今すぐにそれをすることを強くおすすめします。

一部の人はお金に対する執着を高めるのをためらいます。お金に対する執着が少なくなると成功へのモチベーションを失ってしまうのではないかと恐れているからです。

しかし、心配はいりません。いったんお金に対する「執着」を「好み」に高めれば、成功へのモチベーションはむしろ高まります。

「執着」を「好み」に高めてからも、したいことをすることができます。唯一の違いは、特定の結果に対する執着がなくなっていることです。

「執着」を「好み」に高めたあとでも、自分の活動を通じてお金を積極的に求めることができます。お金はないよりもあったほうがいいという思いに変わりはないはずですから。

唯一の変化は、もはやお金を引き離さなくなったので、執着をもっていたときよりもお金を稼げるようになることです。「執着」を「好み」に高めることは、内面の感情的な設定に影響を与えるだけで、それ以上のことはありません。あなたは何も失うことなく、すべてを得ることになります。

「執着」を「好み」に高めると、何をするにしてもプレッシャーを感じることがほとんどなくなり、何が起きても大丈夫という気持ちになります。

お金を引き寄せるために「執着」を「好み」に高めるという発想は、一見したところ矛盾しているように思うかもしれません。あなたはお金を増やすためにお金に対する執着を捨てる必要があるのです。この考え方は奇妙に聞こえるかもしれませんが、これこそが引き離しの法則なのです。

そんなにたくさんのお金がなくてもやっていけると思えるようになると、不思議なことに、たくさんのお金が流れてきます。お金に対する執着から自分を解放すると、お金がどんどん入ってくるのです。お金を得ようと躍起になるのをやめると、たちまちお金が手に入ります。これこそが、お金が流れる仕組みです。

あなたはこれまで間違ったやり方でお金を得ようとしてきました。私がこれから正しい方法を教えましょう。

欲求を無にすれば、すばらしい恩恵が得られる。

——老子（古代中国の思想家）

「執着」を「好み」に高めるためには、誠実な気持ちでなければなりません。単に口先だけで「執着が好みになった」と言っても意味がないのです。結局のところ、自分をごまかすことはできませんから、あなたの改心は心の中からにじみ出るものでなければなりません。

もしあなたが意志力を駆使してお金に対する「執着」を「好み」に高めることができるなら、それはすばらしいことです。しかし、そんなことはできないと思います。この改心を実現するには心のリセットを徹底しなければならないので、もっと穏やかな方法が必要になるのです。

第2部で、望んでいるイメージを潜在意識に植えつけるように指示したとき、思いつくままにやってくださいとはいいませんでした。私はアファメーションという方法を通じてそれをするように具体的なテクニックを示しました。

第3部でも同様に、お金に対する「執着」を「好み」に高めるための具体的なテクニックを示しましょう。たとえ新しい心の持ち方がどんなものかわからなくても、心配する必要はありません。本書の指示にしたがえば、お金に対する「執着」を「好み」に高めることができます。

これから伝授する方法を実行すれば、このプロセスをごく自然に推進することができます。まもなくお金に対する執着がなくなることがわかります。自分の経済状態についての不安と心配が消えることに気づくはずです。この方法を実行すると、「お金を引き離す力」を最小化することができますから、お金はあなたのほうにいくらでも流れてきます。

第9章

自分から喜んで与える

お金の流れをよくすることが重要

これから紹介する方法を使えば、お金に対する「執着」を「好み」に高めることができます。この方法は「喜んで与えること」というものです。

喜んで与えることとは、収入のごく一部を他人に与えることです。あなたは要求や条件を突きつけず、見返りを期待せずに、自分から喜んでお金を与える必要があります。

一見、この方法は奇妙に思えるかもしれません。お金が十分にないから困っているのに、自分の収入のごく一部を与えてお金の悩みを解決するという発想は支離滅裂なように感じることでしょう。喜んでお金を与えるなんて正気の沙汰《さた》ではないと思っているかもしれません。その気持ちはよくわかります。

このアイデアが奇妙に思えても、安心してください。これは誰にとっても最初は奇妙に思えるのです。

このアイデアに違和感をおぼえても、がっかりしないでください。これこそが探し求めてきた答えであることがわかるはずです。

そっぽを向かないでください。これから詳しく説明します。喜んで与えるとはどういうことか、そして、それがあなたにどんな恩恵をもたらすかをわかってほしいのです。

この世のすべてのことは絶えず動いています。これはお金にもあてはまります。したがって、受け取るためには与えなければなりません。**お金の流れをよくするという考え方は、資産形成に関する基本的なコンセプトなのです。**

お金を受け取るためには、お金は循環しなければなりません。お金の動きを妨げると、お金の流れをせき止めることになります。お金の流れをせき止めると、お金があなたに循環しなくなります。お金は体内を循環する血液のようなものです。循環しなければ、機能が停止してしまいます。お金にしがみつくことは停滞をもたらします。お金が絶えず入ってくるようにするためには、お金を循環させる必要があるのです。

お金を与えることに恐怖を感じるかもしれませんが、その必要はありません。あなたはもっと多くのお金を手に入れることができます。

お金を与えることに抵抗を感じるなら、落ち着いてください。世の中のお金が不足することは絶対にありません。

与えるお金がどの程度であれ、あなたはそれ以上のお金を得ることができます。お金を手放すことを恐れないでください。現金を手放すプロセスの中で、あなたはお金に対する執着を手放すことになります。心配はいりません。お金は必ず戻ってきます。お金が循環しているかぎり、それはふたたびあなたのもとにやってきます。

与えると必ず返ってくる

リンゴの種はリンゴの木を宿しています。しかしだからといって、その種を保管しておいてもどうしようもありません。種が育つためには、それを土に与えなければならないのです。土に種を与えるという行為を通じてのみ、リンゴの木が出現します。同様に、他人にお金を与えるとき、あなたはお金を出現させる力を目覚めさせています。

喜んでお金を与えるという習慣は、古来の知恵にもとづいています。大昔においては、土地とその果実に対して神への感謝を示すために寄付が行われていました。世界中のさまざまな地域で、未亡人や父親のいない子ども、自分で作物を育てる土地をもたない人たちに対して寄付が行われていました。ヘブライ人はお金を与えることを美徳と考えました。イエス・キリストもその恩恵を説いています。

自分が受け取ったものが何であれ、それを誰かと共有するという考え方は、自然の法則に由来します。これは「返報性の法則」と呼ばれるものです。**返報性の法則によると、すべての人は自分がすすんで与えるものを人生で受け取ることになります。**エネルギーは出した量に応じて戻ってきます。ただエネルギーの形態が変化しているだけです。この法則を無視すると、苦難を経験するはめになります。しかし、この法則にしたがえば、人生で多くの恩恵を得ることができます。
喜んで与えることを実行すると、お金に対する「執着」を「好み」に高めることができます。いったんそうなると、「お金を引き離す力」が弱くなり、お金の流れがよくなります。**喜んで与えることの恩恵は人生のすべての分野におよびます。**この方法を実行する人はお金の心配をすることなく、着実に財産を築くことができます。この事実がどんなに非常識に思えても、これはまぎれもない真実です。

与えなさい。そうすれば与えられる。人びとはあふれ出るまでに多くの量をあなた方のふところに入れてくれる。

——新約聖書　ルカによる福音

喜んで与えるときの注意点

ここで明言しておきますが、喜んで与えることは無分別に与えることではありません。これは原則にしたがった規律です。これが機能するためには、あなたは自分がしていることの意味をよく理解しなければなりません。
喜んで与えることを実行する際、次の三点を考慮する必要があります。

- どれくらい与えればよいのか？
- 誰に与えればよいのか？
- いつ与えればよいのか？

以上の三点について、これから詳しく説明しましょう。

どれくらい与えればよいのか？

一つ目の質問は、いくら与えるか、ということです。その金額は収入のごく一部です。一定の金額を指定することは、すべての人に公平ではないので好ましくありません。金持ちなら何の抵抗もなく多くのお金を差し出せるでしょうが、貧しい人はそんなに多くのお金を与えることはできないでしょう。また、同じ人でも一生のうちで一定の金額を与えることができる時期とそうでない時期があります。生涯にわたって同じ収入を得ることはありませんから、いつも一定の金額を与えることは非現実的です。そこで、収入の一定の割合を与えることにすれば、すべての人につねに公平になります。

最善の目安は自分の収入の一～五パーセントです。言い換えると、喜んで与える金額が収入の一パーセントを下回ったり五パーセントを上回ったりしないということです。

私が何年も前に喜んで与える習慣を始めたころ、収入の一〇パーセントを目安にしていました。他の人たちに指導を始めたころ、その人たちにも「一〇パーセントが適切です」と言っていました。それはずいぶん前の話です。しかし、その後、収入の一〇パーセントを与えることは、お金を引き離す力を最小化するための最適条件ではないということがわかりました。実際、一〇パーセントという数字そのものに特別な意味はありません。お金の流れを確実によくするためなら、一〇パーセントは必要以上に高いと思います。一～五パーセントで十分です。

私がこの数字にたどり着いたのは、推測によってではなく膨大な研究を通じてです。数年来、さまざまなレベルの成功者を対象に詳細なインタビューを行ってきました。その結果、この方法は一パーセントを下回ったり五パーセントを上回ったりすると効果が低下することがわかったのです。とはいえ、たとえば一〇パーセントなら効果が全然ないというわけではありません。どんな割合でも効果はあります。しかし、ほとんどの人にとって最高の結果につながるのは一～五パーセントです。

私がとくにおすすめする方法を紹介しましょう。喜んで与えるために収入の一パーセントから始めて、どんな気分になるか見極めてください。その金額で気分がよくなり、好ましい結果につながっているなら、それを続けてください。もう少し与えたいと思ったら、最大五パーセントまで上げてください。

たいていの場合、収入の一パーセントを与えるだけで十分です。もっと与えるべきだと思い悩む必要はありません。しかし、奇異に感じるかもしれませんが、多くの人はもっと高い割合を与えることを選んでいます。人びとは「一パーセントでも気分がいいが、三パーセントなら三倍気分がいい」と言います。ある男性は「喜んで与える割合と血圧は反比例する」と言っていました。その人の経験では、喜んで与えれば与えるほど、血圧が下がるのだそうです。

もちろん、快適な気分になるために喜んで与えるのではありません。あなたの真の動機はお金の流れをよくすることです。しかし、もし快適な気分になれるなら、それはすばらしい副作用だといえます。自分にとって最善の割合を見つけるための目安は、与えても精神的負担を感じず、少しだけ与えたと感じることです。

五パーセントより多く与えてはいけないのかと思っているかもしれません。与えれば与えるほどいいのなら、もっと与えるべきではないかというわけです。

しかし、それは違います。割合が一〇パーセントに近づくと、負担が大きすぎることが経験的にわかっています。不快感が高まると、喜んで与えることに嫌悪感をもよおします。一〇パーセント以上を与えようと決意し、張り切って始めたのに、数か月もたたないうちに「やっぱり、これは無理だ」と思い込んでやめた人たちを何人も見てきました。

この習慣の目的は苦業ではありません。これは楽しみながら簡単にできるものであるべきです。つまり、喜んで与えるという行為そのものが効果を発揮するのです。結果に関していえば、一パーセントを下回ったり五パーセントを上回ったりしないかぎり、実際の割合はあまり関係ありません。

誰に与えればよいのか？

あなたはお金を与える対象を決めなければなりません。その決定はあなた次第ですが、いくつかの基準が最善の結果をもたらすのに役立ちます。

最初の質問は、自分のお金を個人か団体のどちらに与えるべきか、ということです。両方という選択肢もあります。答えはあなた自身が見つけなければなりません。どちらにお金を与えるにしろ、気をつけなければならないことがあります。

公的な目的のために団体に寄付しなければ、努力が報われないと感じる必要はありません。喜んで与える対象は団体でも個人でもかまいません。数年来、私はかなりのお金を周囲の人に与えてきました。

個人にお金を与えるとき、喜んで与えることは個人的な意味合いをもちます。とくに、その人を知っている場合はそうです。対象は肉親、親戚《しんせき》、友人、知人、あるいは見知らぬ人でもかまいません。

直接手渡せばいいのですが、そのやり方は注意が必要です。喜んで与えることが功を奏するには、お金を条件つきではなくおおらかな気持ちで与えなければなりません。友人や知人にそれをするのは必ずしも容易ではありません。相手はたいていお返しをしたがるからです。団体に寄付するときは、そういうことにはなりません。たいてい寄付を受けつけていますから、お返しをするという考え方が存在しないのです。しかし、知っている人にお金を与えると、相手はたいてい借りができたと解釈します。たとえあなたがお返しはいらないと言っても、相手は負い目ができたと感じ、何とかしてお返しをしようとし、もしそれができなければ後ろめたさを感じます。だから注意が必要なのです。

おおらかな気持ちでお金を受け取ってくれる人が見つかったら、それはすばらしいことです。もしそうでないなら、喜んで与える対象は団体に限定してください。

団体に寄付をすると決めたら、有意義な活動を通じて社会に貢献していると思える団体を選びましょう。自分と同じ信念を共有する団体が理想です。あなたは気分がよくなりますし、よりよい結果につながります。喜んでお金を与えるとき、あなたは自分のエネルギーを相手に向けています。自分の価値観に合わない団体に与えることは、自分と同じ信念を共有する団体に与えるような質の高い経験にはつながりません。

一つの団体を選んで、つねにそこにお金を与えることもできますし、複数の団体（たぶん五つくらい）を選んで、そこにお金を与えることもできます。あるいは、もっと多くの団体に寄付金を少額ずつ分散することもできます。効果に関するかぎり、どのやり方でもかまいません。すべての人に合うやり方はありません。自分にとって適切だと思うやり方を選んでください。

寄付したい団体を見つけることは簡単です。目と耳を活用すれば、いくらでも情報を収集することができます。テレビを見ていると、飢えで苦しんでいる子どもが登場するコマーシャルを目にするかもしれません。もしそのメッセージに共感をおぼえたら、電話番号をメモして問い合わせるといいでしょう。新聞を読んでいて、政治のキャンペーンの広告を見て自分も参加したいと思ったら、広告を切り抜いて寄付をしましょう。友人と話していて慈善活動の話が出たら、その団体に寄付を申し出るといいでしょう。

寄付の対象になる有意義な活動をしている団体はいくらでもあります。二〇一三年の時点で全米だけでも三万を超える団体があなたの支援を求めています。商業、健康、スポーツ、趣味、社交、文化、宗教、科学などの多種多様な団体から賛同できるものを選んでください。

いつ与えればよいのか？

次の課題は、いつお金を与えるかということですが、これは簡単です。一般的な目安として、お金を手に入れたときに与えればいいのです。

収入を得る頻度に応じてスケジュールを決めてください。月給を得ているなら、月に一回与えるといいでしょう。自営業者の場合、頻度を調整して柔軟に対応してください。収入が不定期ならを支給されるたびに与えるといいでしょう。

収入を得たらすぐに喜んで与えるのがコツです。先延ばしをしてはいけません。先延ばしをすると、遅かれ早かれ与えるのを怠るようになりがちです。収入を得たらすぐに与えるように心がけると効果的です。収入を得たら、そのごく一部を与えるという原則は、画期的な考え方だといえます。裏返すと、収入を得たときだけ与えるということです。収入を得たときだけ与えるなら、与える金額が多すぎることも少なすぎることもありません。お金が入る予定にもとづいて与えるのではなく、実際に手に入ったときだけ与えるようにしてください。

給料の場合、税金を引いた手取りの金額に対して与えましょう。実際に手にした金額に対して与えるかぎり、与えすぎることは絶対にありません。

喜んで与えるためのお金の計算は簡単です。仮に月収が五十万円として、税金と控除を差し引いたあとの手取り収入が四十万円になるとします。その場合、喜んで与える金額の算出は四十万円をベースにします。もし一パーセントを与えるとすると、毎月の収入の中から四千円を与えます。ただそれだけです。三パーセントなら一万二千円、五パーセントなら二万円です。

ただし、お金をむやみに与えてはいけません。無節操なやり方をしないように気をつけてください。喜んで与えることは、注意深い金銭管理を要する厳格な規律です。

どんな方法で手に入れようと、あなたが受け取るお金はすべて収入とみなしてください。要は、自分のふところに入るお金の一~五パーセントを与えるということです。

喜んで与えることは、気が向いたときに実行するという性質のものではありません。喜んで与えることは、一貫性をもって実行してください。そうしないかぎり、最大の結果を得ることはできません。カギを握るのは一貫性です。喜んで与えることを生活信条にし、それを実行しましょう。受け取ったお金の少なくとも一パーセントを与えましょう。数か月に一回それをしないことがあってもかまわないと思わないでください。ごまかさずにきちんと実行することが大切です。きっと、そうしてよかったと思うはずです。

喜んで与えることでもっともむずかしいのは、始めることです。誰からも強制されませんから規律が必要になります。あなたにはこれをする義務はありません。実際、こんなことをすべて忘れても他人は気づきませんが、あなた自身はそれに気づいています。

経済的安定を手に入れる究極の方法

本書の冒頭で「あなたは経済的安定を手に入れたいですか?」と質問しました。

正直に答えてください。この質問は見かけほどささいなことではありません。

一部の人はみじめでいることを選んでいます。絶えずお金の問題に悩まされ、経済的に困窮しているのが好きなのです。もちろん、口先では「お金の悩みから解放されたい」と言うでしょうが、それについて実際に何もしようとしません。だから、この質問には正直に答える必要があります。


あなたは本当に経済的安定を手に入れたいですか？

経済的自由が得られることに心がときめきますか？

あなたは経済的安定を手に入れるために実際に何かをしていますか？


もしその答えが「ノー」なら、私はあなたの正直さを称賛します。

もしその答えが「イエス」なら、あなたは経済的安定を手に入れることができます。

喜んで与えることは、そのための重要な一歩です。

始めるためのアドバイスをしましょう。喜んで与える世界への旅立ちを容易にするためのアドバイスです。


自分の収入に対する見方を改めてください。手取り収入の全額を自分のものとみなすのではなく、喜んで与える金額を天引きするのです。たとえば、収入の三パーセントを喜んで与えることにしたとします。手取り収入が四十万円とすると、その三パーセントに相当する一万二千円を天引きし、三十八万八千円を毎月の可処分所得とみなすのです。こんなふうに考え方を変えれば、喜んで与えることを始めるのがより簡単になります。

喜んで与えることはむずかしくありませんが、この計画を実行するのは大きな負担のように思えるかもしれません。一生懸命に稼いだお金の一部を喜んで与えることに恐怖を感じるかもしれません。しかし、思いきってこのハードルを乗り越えましょう。

あなたは自分ができないと思っていることをしなければならない。

——エレノア・ルーズベルト（アメリカの社会運動家）

結局のところ、喜んで与えることはあなた次第です。どれくらい与え、誰に与え、いつ与えるかを決めるのは、あなたなのです。私は自分の知識と多くの人の経験にもとづいてアドバイスをしていますが、最終的に決めるのはあなた自身です。

もう私にはお金の悩みはない

私はかつて無一文で、絶望しながら職を転々としていました。お金をためたことが一度もありませんでした。

あるとき、カリフォルニア州バークレーのむさくるしい安アパートに住み、友人たちからめぐんでもらったわずかなお金で生活していました。ある日、ポンコツ車を運転して、雑誌を売る新しい仕事をするために職場に出かけました。

ところが運転中に車が爆音を出し、黒煙を上げて停止してしまったのです。私は道路わきで空腹を抱えて立ちすくみ、無用の長物と化した金属のかたまりが多くの人に迷惑をかけていることの責任を痛感しました。そこから職場まで歩いていったのですが、すぐさまクビになりました。まさに人生のどん底でした。

貧困にあえいでいた当時の私にとって、喜んで与えることは抵抗がありましたが、とにかくやってみました。こんなことでうまくいくとは思っていなかったのですが、実際にやってみたら効果がありました。

現在、私にはお金の悩みがありません。この文章を書いている今、美しい森の中にある素敵な一軒家の書斎で机に向かっています。生活に必要なものはすべてそろっています。人生に対して、この上もなく満足しています。

私は無一文から現在の状況までどうやってたどり着いたのでしょうか?

身を粉にして働いたのではありません。喜んで与えることによってお金に対する執着を捨てたおかげで、お金が自分の人生に流れてきたのです。

私が、喜んで与えることの効果を確信しているのは言うまでもありません。今でも喜んで与えていますし、生きているかぎり永久に与えつづけるつもりです。

喜んで与えるだけでいい

ある夫婦は取り乱して私のもとに相談に来ました。ご主人は失業中で、奥さんは三人目の子どもを産んだばかりでした。貯金を使い果たし、月末にはホームレスになるおそれがあるというのです。オムツとミルクのコストが困窮に拍車をかけていました。

この夫婦は喜んで与えることを実行しはじめました。私が手渡した二千円から、二・五パーセントに相当する五十円を寄付したのです。その日から夫婦の経済状態は目に見えて向上しました。やがてご主人は大企業に就職し、部長にまで昇進を果たしました。ホームレスになるどころか、郊外の美しい家に引っ越しました。現在、この夫婦はお金の悩みがなく、物心両面で豊かな生活を送っています。

二十二歳の若者ウェインは、特定の目標のために何度かこの方法を使いました。かっこいいスポーツカーを手に入れることができたのは、喜んで与えることを実行したからだと言っています。

「この方法で成果をあげた人の証言を少なくとも千回は聞いてきました」

最近、彼が言いました。

「しかし、悪い話は一回も聞いたことがありません。与えたよりも多くのものが返ってこなかったという例は一件もないのです」

二年前、中年の女性が喜んで与えることを始めました。当時、多額の借金を抱えていて、家庭内暴力で悩んでいました。しかし、喜んで与えることを始めてから、経済状態は飛躍的に改善し、家庭内暴力はすんなり解決しました。現在、彼女の生活レベルはかなり高い部類に入ります。

興味深いのは、彼女は喜んで与えること以外、とくに何もしていなかったことです。たしかに投資が功を奏したのですが、それ以外は何も変わったことがありません。喜んで与えることの効果を聞けば、彼女はいくらでも説明してくれるでしょう。

とにかくお金が入ったら与える

私はこれまで大勢の人に、喜んで与えることを指導し、多くの成功例を見てきました。しかし、どの人にとってもいちばんむずかしいのは始めることです。自分が苦境のさなかにあるときに、収入の一部を与えることは愚かな行為のように思えます。少なくとも、お金がなくて困っているのにそんなことをするのは奇妙に思えるでしょう。だから、喜んで与えることを実行しない理由はいくらでも思いつくはずです。

しかし、それでも、喜んで与えることをおすすめします。しかも、これを実行して後悔することは絶対にありません。

あなたにとって最善の選択肢は、喜んで与えることを始めることです。先延ばしをする言い訳を考える必要はありません。始めるのに何もいらないからです。

喜んで与えることの基本は、貯蓄からではなく収入から与えることです。たとえ失業中でも、失業手当や生活保護、周囲の人からの施しという形で収入を得ているのですから、喜んで与えるのに必要なものはそろっています。

どんな状況におかれていても、喜んで与えることは手軽に始めることができます。しかも、誰にとっても効果があります。

お金をさげすむ人はいくらでもいるが、お金を与える方法を知っている人はごくわずかしかいない。

——ラ・ロシュフーコー（フランスのモラリスト）

どんなに経済状態が悪くても、どこかから収入を得ているはずです。言い換えると、金額の多寡《たか》は別にして、すべての人がいくらかのお金を受け取っているということです。

極端な場合を考えてみましょう。仮にあなたが無職で給料がなく、ホームレス生活をしていて、車も携帯電話もなく、しかもかなり怠け者だとします。見知らぬ人からたまにわずかなお金をめぐんでもらうくらいで、一週間に得るお金は百円程度しかなく、たまにキャンディーを買う程度です。

しかし、喜んで与えることを始める条件は、完全にそろいました。百円のうち九十五円から九十九円を自分のものとみなし、残りの一円から五円を喜んで与えればいいのです。相手は顔見知りの路上生活者でもかまいません。その人にすぐにあげてください。しかも、それをつねに実行するのです。そして、何が起きるかに注目してください。自分の人生がみるみる変わっていくのを目の当たりにすることになります。

喜んで与えることの結果が生じるとき、変化の度合いが信じられないかもしれません。お金があなたの人生にどんどん流れてくるだけでなく、心の持ち方が大きく変わります。世界観がそれまでとまったく異なるものになります。お金に対する「執着」が「好み」になり、「お金を引き離す力」が弱まります。お金の悩みがたちまち消えてなくなります。あなたは驚きと感謝の気持ちでこの変化を見ることでしょう。自分にはそんなことは起きないと言わないでください。これはあなたにも必ず起きます。

喜んで与えることを生活信条にすると、一冊の本に書ききれないほど多くの恩恵を得ることができます。自分の生活が豊かになるだけでなく、与えることによって大きな喜びを得ることができるからです。これは人間が感じるもっとも深い喜びの一つだといえます。

「受け取るよりも与えるほうが幸せだ」という格言を聞いたことがあるでしょう。喜んで与えることを実行することによって、与えることの喜びに浸る心の豊かな人になることができます。あなたはこの格言の意味が実感できるようになるはずです。

見返りを求めずに誰かのために何かをすることは、満たされた気持ちで一日を送るための必要条件である。

——ジョン・ウッデン（元UCLAバスケットボール監督）

動機が不純でも気にする必要はない

喜んで与えることの主な目的は、他人を助けることではありません。もちろん、有意義な活動に対して寄付をすると善意の輪が広がりますし、世の中をよくする一助になります。善行を施すことはすばらしいですから、気分がたいへんよくなるでしょう。

たしかに寛容の精神は称賛されるべきですが、これは本書の狙《ねら》いではありません。私は、立派な行いをして人びとの幸せな顔を見ましょうと主張しているのではないのです。

喜んで与えることを実行している人は、自分のしていることに対して正直です。彼らの大半は自分の利益を念頭において行動する実利的な人たちです。彼らは個人的な野心を動機にすることが人間の本質であり、それなりに称賛されるべきだと考えています。

つねに自分に正直になりましょう。自分の利益をはかることが最大の動機になっていたとしても、それに後ろめたさを感じる必要はありません。

私がここでこういうことを言うのは、あなたがいずれ自分は利己的だという後ろめたい思いを抱く可能性があるからです。そんなに自分に厳しくする必要はありません。あなたはそれでいいのです。

自分の成功をめざすことはけっして悪いことではありません。あなたは豊かさと幸せを手に入れる権利があります。そのために喜んで与えることを実行しているのだとしても、それでかまいません。もしあなたが喜んで与えることによって世の中に恩恵を与えるなら、それはもっとすばらしいことです。しかし、動機が何であっても、喜んで与えることの価値が下がることはありません。

金持ちになりたいなら、金持ちになってください。他人にお金を与えると気分がよくなるなら、それを楽しんでください。いずれにしても、自分の収入のごく一部を喜んで与えましょう。動機が純粋かどうかを気にする必要はありません。

もしこの文章を読んで喜んで与える気持ちになったら、ぜひ実行してください。あくまでも収入のごく一部を与えるだけです。貯金を切り崩したり資産をなげうったりする必要は全然ありません。

喜んで与えることについて考えているうちに、やっぱりやめようと思うかもしれません。今は経済的にとても苦しい時期なので、そんな余裕はないと思うかもしれません。

しかし、これはナンセンスです。むしろ、喜んで与えることを実行しない余裕があるかどうかを自問する必要があります。

第10章

より早く結果を出すために

この章では、「お金を引き離す力」を最小化するためのアドバイスをさらにもっと紹介します。この章の提案にしたがうかどうかはあなた次第です。自分に合うと思ったら、したがってください。自分には合わないと思ったら、したがう必要はありません。

もし喜んで与えることを日常生活の中で実行するなら、他のことをするかどうかに関係なく、お金に対する「執着」を「好み」に高めることができます。

しかし、もし次の提案を実行すれば、結果をより早く出して豊かな暮らしをより高いレベルで実現することができます。

1 気前よくお金を使う

「無分別なことをする」という意味ではなく、「おおらかな気持ちになる」という意味です。大金がなくてもやっていけることに気づいてください。お金はたしかに便利ですが、世の中でもっとも大切なものではありません。

自分の経済状態については明るく前向きに話しましょう。友人とお金について話し合うときは、「最近は経済的に余裕がある」「お金はまた入ってくる」と言えばいいのです。**ささいな金額のために悩んではいけません。少額のお金についてはこだわらないようにしましょう。**

くり返しますが、お金について愚かなことや不注意なことをしてはいけません。向こう見ずなお金の使い方は絶対にダメです。要は、お金を扱うときにリラックスするということです。

2 悩んだらお金を使う

突然お金をどんどん使うべきだという意味ではなく、欲しいものを買うために喜んでお金を使うべきだという意味です。

あなたは何らかの商品を買うべきかどうか迷うことがあるはずです。たぶん、それが欲しくてしかたないのでしょう。そうでなければ、そんなに悩まないはずです。**値段が高いから、ためらっているのかもしれません。もしそうなら、それを買いましょう。買うかどうか決めるのが困難なら、買うほうを選択したほうがいいのです。**

欲しくないものまで買って支出を増やせといっているのではありません。このアドバイスの唯一の対象は、「ぜひ欲しいもの」の購入です。気にかかるのが出費のことだけなら、喜んでお金を手放すことをおすすめします。なぜなら、このような状況はそうひんぱんにあるわけではないので生活費に対する長期的な影響はほとんどなく、こういう心の持ち方は好ましい結果をもたらすきっかけになるからです。

3 借金について心配しない

クレジットカードを何枚も手に入れて、後先のことを考えずにお金を使いまくれといっているのではありません。もし借金をしているのなら、そういう現実を受け入れて穏やかな気持ちで生きていくべきだといっているのです。

多くの人は借金生活を送っています。現代社会では借金は避けがたい現実なのです。

もしあなたが現時点で借金をしているなら、あせることはありません。いずれ借金生活から抜け出すことができるのですから。

もし途中で少し借金がかさんでも、自分を責めてはいけません。借金をしていること自体は、けっして恥ずべきことではないのですから。

もちろん、借金をしたくてする人はいないでしょうし、どんどん借金をしたいと思う人もいないでしょう。しかし、いつか借金は遠い過去のことになります。それまではゆったりした気持ちで過ごせばいいのです。

金銭管理のミスではないのですから、あわてる必要はありません。不安は問題をこじれさせるだけです。借金の程度を管理できる範囲内に収めているかぎり、人生はうまくいきます。心配したからといって経済状態が改善されるわけではありません。

4　童心に返る

突然子どもっぽくなって無責任な行動をするという意味ではありません。お金を遊ぶための手段とみなしていた子ども時代を思い出すという意味です。

幼い子どもはお金に対する執着をもっていません。ポケットにわずかなお金が入っていれば、彼らにはそれで十分です。入っていなくても気にしません。

ためしに三歳児に百円玉を与えて、その反応を観察してください。その子は大喜びするはずです。「ありがとう」と言いながら元気に家中を飛び回るでしょう。

「子どもは無知で百円の価値を知らないからだ」と言う人もいるでしょう。しかし、私に言わせれば、子どもはお金に執着していないので純粋な喜びを感じるのです。あなたもこれと同じ純粋な喜びを感じる能力をまだもっていることを思い出してください。

お金に関して子どものようになり、もっと遊び心をもちましょう。ただし、お金をぞんざいに扱うという意味ではなく、お金をより楽しく扱うという意味です。子どものころに感じた喜びを思い出し、まだそういう気持ちを抱くことができることに気づきましょう。大切なのは、お金の目標を達成するために全力を尽くしつつ、童心に返ることです。

5　お金以外のことを考える

お金について考えてはいけないという意味ではなく、心の中にはお金とかかわりのない部分があることに気づくという意味です。

通常、あなたは起きている時間の多くを経済状態について考えながら過ごしています。お金にかかわる意識は、あなたの思うことすることのほぼすべてに浸透しています。しかし、お金とは無縁の世界があることを思い出してほしいのです。愛、セックス、芸術、ダンス、音楽、詩、祈り、その他の有意義な活動について考えてください。以上の活動をするとき、お金は関係ありません。

以前、ある人が「このご時世では、そういう活動をするのにもお金がかかる」と反論しました。たしかに、お金があれば、これらの分野の追求はより簡単になります。お金がすばらしいことを経験するのに役立つのは事実です。しかし、それは論点がずれています。私は、お金を超えた世界の存在に気づくべきだと主張しているのです。そういう世界は確実に存在します。それに思いをはせましょう。何かに思いをはせるのにお金は全然かかりません。しかも、その思いの世界はお金とは別次元の世界です。

お金と無縁の世界の存在に気づくことは、お金がすべてではないと気づくためのきっかけになるはずです。お金と無縁の世界があなたを待っています。そういう世界が存在することを知ってください。その奇跡的な世界を楽しんでください。そういう世界が存在することに心の安らぎを見いだしましょう。

お金について心配しすぎてはいけません。人生を大いに楽しみましょう。人生の喜びを存分に味わい、ワクワクするような経験をしてください。

まず無一文である現実を受け入れる

カールと出会ったとき、彼は二十代前半で一文無しでした。それまでワンルームマンションに住んでいたのですが、家賃が払えずに立ち退かされたそうです。

しかし、こんな気が滅入る状況でも、カールはお金に執着し、絶えずお金のことばかり考えていました。

彼はいつも夜更かしをして、ビジネスの計画と投資の戦略についての本を読んでいました。最新のポジティブ・シンキングについても知っていました。はたから見ると、カールはもうすぐ経済的成功を収めるような雰囲気でした。実際、カールに会った人たちは、彼の成功を確信していました。

しかし、カールはまったく成功しませんでした。十年後も別の狭いアパートに閉じこもってお金の本を読んでいました。二回結婚して二回とも離婚し、潰瘍《かいよう》を二回患い、ビジネスの計画をいくつも立てていました。

ある日、カールは私のもとにやってきて、「まったくわけがわからないよ。あらゆることを試したけれど、何をしてもうまくいかないんだ。いったいどうなっているのだろう？」と質問しました。

私はこの言い分を聞いて、彼が抱えている問題の本質がわかりました。カールは成功という考え方にとりつかれていたのです。周囲の人は人生に対するポジティブな態度だと勘違いしたのですが、実際にはお金に対する強烈な執着に凝り固まっていただけでした。カールは失敗を恐れていたのです。彼のモチベーションは恐怖心にもとづいていました。これはまぎれもなく執着の証しです。

私はゆったりとした口調で彼に質問しました。

「カール、自分が無一文だという現実を受け入れられるかい？」

「とんでもない」

彼は大きな声で言いました。

「それなら死んだほうがましさ」

私は彼の目を見て言いました。

「カール、君は今までずっと無一文だったよね。この状況から抜け出すまでもうしばらく無一文の状態が続くかもしれないが、君はその現実を受け入れるべきだ。といっても、それはそんなに悪いことではない。人生には大切なことが他にたくさんあるのだから」

この言葉は彼の心の琴線にふれたようです。しばらく何も言わずに座ってじっと考えていました。その夜、カールは家に帰ってビジネスや投資の本を読み、お金の研究をすると言いましたが、私は「そんな本は全部忘れて、いっしょにコンサートに行こう」と言いました。

翌日、私は喜んで与えることの重要性をカールに説明しました。また、自分が打ち込める活動を見つけるよう指示しました。彼はウエートトレーニングを選んだのですが、それは彼の人生で初めてお金以外のことに興味をもつきっかけになりました。もうしばらく無一文の状態が続くのなら、活動的なことをしようと思い立ったようです。

約一年後、私はカールと街で出くわしました。とてもいきいきしていました。体ががっしりしただけでなく、自信にあふれていたのです。仕事も順調のようでした。新しい車、新しい家、新しい恋人を手に入れていました。「人生にワクワクしている」と言っていたのが印象的です。

「まだお金の心配をしているのかい？」とたずねると、「お金の心配なんて全然していないよ」と答えました。彼は私に寄り添い、忘れられないことを言いました。

「ビクター、僕は無一文でもかまわない。これまでずっと無一文だったからね。お金があるのはたしかにすばらしいが、だからといってどうというわけではない。僕はもう無一文にはならないと思うけれど、もしなったとしても別に気にしない」

カールは「執着」を「好み」に高めたのです。もちろん、今でもお金をもちたいという気持ちはあるのですが、「お金依存症」という状態は過去のものになりました。カールは「お金を引き離す力」を最小化したのです。そうすることで、どんな計画でも、結果をもたらすことに成功しました。

誰もがカールのような「お金依存症」に陥っているわけではありません。しかし、お金に対する執着がどの程度であれ、それは知らないうちにお金を引き離す方向で働いています。だから「執着」を「好み」に高めてお金を引き寄せるようにしたほうが得策です。

今、あなたはそれをする方法を学びました。元凶はお金に対する執着です。お金に対する執着から解放されれば、お金はあなたに流れてきます。お金に対する執着の影響を逃れれば、望みどおりの人生を創造することができます。

大いに喜んでください。心配は無用です。どの方向に進むにしても、これからワクワクするような冒険が始まります。

第4部

お金の悩みを永久に解決する

第11章

「相乗方式」で人生を豊かにする

いよいよ、この章が本書の要点になります。これまでのすべての章は、この章に対する理解を促進するために書かれたものです。集中して注意深く読んでください。

お金の流れをよくする二つの法則

あなたはすでに宇宙の二つの重要な法則を学びました。

「引き寄せの法則」は、潜在意識の中のイメージを引き寄せることをさします。

「引き離しの法則」は、執着の対象を引き離すことをさします。

この二つの法則は、お金の流れをよくするための効果的な方法の基本になります。

あなたが自分の人生に組み込む必要があるのは、私が「相乗方式」と呼んでいるものです。

喜んで与えることはお金に対する「執着」を「好み」に高め、「お金を引き離す力」を弱めることになります。それと同時に、アファメーションは望んでいるイメージを潜在意識に植えつけますから、お金を自分の人生に引き寄せる力を強めることになります。

言い換えると、喜んで与えることによってお金がどんな方向にも流れる状況をつくり、アファメーションがその状況を利用してお金をあなたの人生に引き寄せるということです。

これこそが、お金の流れをよくする最強の方法である「相乗方式」のエッセンスです。

「相乗方式」

喜んで与えること ⬇ 「執着」を「好み」に高める ⬇ お金を引き離す力の弱体化

アファメーション ⬇ イメージの植えつけ ⬇ お金を引き寄せる力の強化

お金の悩みをすべて永久に解決するためには、この「相乗方式」を実行してください。すなわち、喜んで与えることとアファメーションを組み合わせるやり方です。最大の恩恵を得るためには、どちらか一方ではなく両方とも実行する必要があります。

もしかしたら、あなたの場合、どちらか一方だけでお金の流れをよくすることができるかもしれません。しかし、多くの場合、どちらか一方だけでは大きな成果をあげることはできませんから、両方を同時にする必要があります。喜んで与えることとアファメーションを組み合わせることによって、「相乗方式」の効果を最大化することができるのです。

「相乗方式」がどのようにお金の流れをよくするかを検証しましょう。

「お金を引き寄せる力」と「お金を引き離す力」の両方がすでに存在していることに気づいてください。もしあなたがほとんどの人と同じなら、「お金を引き離す力」が「お金を引き寄せる力」よりも強くなっています。したがって、お金はあなたの人生から流れていきます。

たとえば、喜んで与えることを実行せず、アファメーションだけを実行するとしましょう。これは「お金を引き寄せる力」を強めます。しかし、お金に対する執着はそのままですから、二つのことが起こります。まず、一つ目は①「お金を引き寄せる力」を強めはするのですが、「お金を引き離す力」を打ち消すほどにはならない状態です。

お金はあなたの人生から流れていきます。「お金を引き寄せる力」を強めたにもかかわらず、「お金を引き離す力」がそれよりも強いからです。

二つ目は②アファメーションが「お金を引き寄せる力」を強めて、「お金を引き離す力」を上回る状態です。

この場合、お金はあなたの人生に流れてきます。アファメーションだけを実行することによって、「お金を引き寄せる力」をかなり強め、「お金を引き離す力」を打ち消すことになります。しかし、以上の二つのどちらの結果を得ることになるかを事前に予測することはできません。

次のパターンとして、アファメーションを実行せず、喜んで与えることだけを実行したとしましょう。これから述べる③と④のうちの一つが起こります。

③「お金を引き離す力」を弱めても、「お金を引き寄せる力」が「お金を引き離す力」より強くならない状態。この場合、喜んで与えることを実行するだけではお金の流れを変えることはできません。

お金を与えることだけを実行した場合のもう一つのありうる結果は、④「お金を引き離す力」をかなり弱めて「お金を引き寄せる力」を相対的に優勢にすることです。

この場合、お金はあなたの人生に流れてきます。喜んで与えることを実行するだけで「お金を引き離す力」を弱めて「お金を引き寄せる力」を優勢にするからです。

以上の①～④のシナリオでわかるように、アファメーションか喜んで与えることのどちらか一方だけを実行する場合には、結果は十分かもしれませんし不十分かもしれません。つまり、片方を実行するだけでは、どんな結果が出るか予測できないのです。

しかし、もし両方を同時に実行するなら、結果を正確に予測することができます。「相乗方式」は確実にお金の流れをよくします。アファメーションと喜んで与えることの両方を同時に実行すれば、必ず成果をあげることができます。なぜなら、「お金を引き寄せる力」を強めると同時に「お金を引き離す力」を弱めることができるからです。

「お金を引き寄せる力」が強まり、「お金を引き離す力」が弱まっているので、お金があなたの人生にかなり流れてきます。「相乗方式」の効果は一目瞭然《りょうぜん》です。

あなたが赤ちゃんのとき、母親は片足で歩くように教えませんでした。たとえそれができたとしても、両足を使ったほうがはるかに歩きやすいことは明らかです。同様に、アファメーションと喜んで与えることのどちらか一方だけを実行してもお金の流れをよくすることは可能かもしれません。しかし、両方のテクニックを実行すれば、はるかに確実にお金の流れをよくすることができます。

アファメーションを実行すると、お金を引き寄せることができます。しかし、お金に対する執着をもっているなら、好ましい結果を得るには「お金を引き寄せる力」を「お金を引き離す力」より上回るようにする必要があります。もしアファメーションが「お金を引き離す力」よりも大きな力を発揮するなら、アファメーションを実行するだけでお金を引き寄せることができます。しかし、もしお金に対する執着がたいへん強ければ、アファメーションは少なくともしばらくのあいだは「お金を引き離す力」を上回ることができません。

この二つの力を理解すれば、なぜ「ポジティブ・シンキング」が一部の人にとってうまくいかないかがわかります。**多くの人はポジティブ・シンキングを実行しますが、好ましい結果を得ることがなかなかできません。その理由は、どんなにポジティブに考えてお金を引き寄せようとしても、お金に対する執着がお金を引き離してしまうからです。**そのためにいつまでたってもお金が逃げていくのですが、彼らにはその理由がわかりません。結局、この人たちはポジティブ・シンキングでは効果が得られないと確信するようになります。

そこで、「相乗方式」のもう片方の出番です。喜んで与えることはお金に対する執着をなくし、「お金を引き離す力」を弱めることができます。いったん「お金を引き離す力」が弱まれば、アファメーションが効果を発揮することができます。言い換えると、喜んで与えることはアファメーションのお膳《ぜん》立《だ》てをするということです。「相乗方式」は二つのことを同時にします。だから効果抜群なのです。

スコットの話をしましょう。彼はたいへんあまのじゃくで、喜んで与えることとアファメーションを同時に実行するのを拒否していました。アファメーションを数か月間書いて、それをやめて喜んで与えることを数か月間実行し、そしてそれをやめてふたたびアファメーションを書くという具合でした。

スコットはこういう変則的なやり方で一定の成功を収めていました。二年半のあいだにテレビ局に就職してお金をたくさん稼ぎ、結婚し、マイホームを購入したのです。かなり満足していて、成果を誇りにしていました。

ある日、私は「スコット、ずいぶん長くこのやり方を実行しているけれど、もうお金の悩みはすべて解決したのかい？」とたずねました。

「けっこううまくいっているよ」彼は答えました。

「それはよかった」私は言いました。

「それで、お金の悩みはすべて解決したの？」

彼はしばらく考えて言いました。

「じつは、まだそれができていないんだ。請求書の支払いに困っていてね。大勢の人と同様、お金の心配は尽きないものだな。出費が多いものだから」

そこで私は提案しました。

「喜んで与えることとアファメーションを同時に実行してみたらどうだろうか。たとえば半年間とか。それでもし半年たってやめたかったら、両方ともやめればいい。両方を同時に実行することをすすめるよ」

彼は同意しました。

数か月後、スコットは私を食事に誘ってくれました。場所はサンフランシスコの高級レストランです。彼は私を見るなり、「このやり方は本当にすばらしい」と言いました。

彼がフランス産の高級ワインを注文したとき、私は思わず「大丈夫かい?」とたずねました。

彼はほほえみながら、「もうお金の心配はしていないよ」と答えました。

私はそれが彼の本心であることを確信しました。スコットはアファメーションと喜んで与えることを同時に実行することの効果を発見したのです。

「相乗方式」でお金の悩みは解決される

あなたはこの「相乗方式」が日々の生活の現実と関係がないと思っているかもしれません。「相乗方式」がお金を稼ぐことと無縁だと思っているかもしれません。「相乗方式」が迷信にもとづいていて、何の効果もないと思っているかもしれません。

もしそうだとすれば、それは誤解です。「相乗方式」はお金を稼ぐことと大いに関係があるのです。

本書を通じて、何らかの力とそれがお金の流れにおよぼす作用に焦点を絞って説明してきました。そして、安定した仕事に就く、お金をためる、投資をする、不動産を買う、株取引をするといった資産形成の具体的な方法については一切ふれませんでした。

たしかに、これらの方法はすべてそれなりに役に立ちます。実際、多くの人がそうやって財産を増やすことに成功しています。しかし、他の多くの人はこれらの方法を使って失敗しているのが実情です。

いったいなぜでしょうか？

なぜ、ある方法を実行して金持ちになる人がいる一方で、それと同じ方法を実行して破産する人がいるのでしょうか？

その理由は、お金を稼ぐさまざまな方法は、経済的問題に対する表面的な解決策にすぎないからです。

本書では職業上の決定や経済的な戦略については指導しません。これは私の手抜かりではなく、意図的にそうしているのです。本書で伝授した方法は、もっと深いレベルで機能しています。具体的に、どんな仕事をし、どんな投資をし、どんな財務計画を立てるかは二次的なことなのです。

もしお金の問題をすべて永久に解決したいなら、お金にかかわる状況の根源に対処しなければなりません。そのためのもっとも抜本的なアプローチは、お金の流れと自分の人生との関係を改善することです。

もしお金が自分の人生から流れているなら、お金に関するどんなすばらしいアイデアもあまり役には立ちません。高収入の職業に就いても、あなたはうまくいきません。確実に儲《もう》かるはずの株の銘柄でも、あなたが投資した瞬間に株価が下落します。万全を期したはずの財務計画でも、あなたには功を奏しません。不思議なことに、不運が重なり、途中で挫折《ざせつ》して目標を達成できなくなるのです。

しかし、いったんお金の流れをよくすれば、お金はあなたの人生に流れてきます。方法論は問題ではありません。どんな仕事に就いても、うまくいきます。株取引で儲けることもできます。いい不動産の物件を購入することもできます。あなたは何をしても成功します。すばらしいことが次々に起きて不可解かもしれませんが、それは現実に起こります。

いったんお金の流れがよくなると、お金はあなたの人生に流れてきます。リラックスして繁栄への旅を楽しんでください。好きな職業に就き、ワクワクすることを追求し、したいと感じることをして、自分の資産価値が高まるのを目の当たりにしましょう。そして、心配するのをやめてください。

私は、あなたに単に金持ちになってほしいのではありません。そういうことも現実に起きるかもしれませんが、莫大《ばくだい》な富を得ることが本書の主な目的ではありません。あなたが本書を読んでいるのは、お金の悩みを永久に解決する方法を学ぶためです。つまり、お金の心配から解放された自由な生き方をするためです。お金の心配がなくなれば、お金の悩みを永久に解決することができます。

私は、喜んで与えることを実行すれば億万長者になれるとは言いません。アファメーションを実行すれば億万長者になれるとも言いません。さらに、その両方を組み合わせれば億万長者になれるとも言いません。

私が言っているのは、相乗方式がお金の流れをよくするということです。いったんお金の流れがよくなれば、お金の悩みをすべて解決することができます。きわめて単純明快なことです。

どんな目標を達成するうえでも、あなたは次の二つのことをしなければなりません。目標についての鮮明なイメージを思い描き、お金への執着を捨てることです。「相乗方式」はこの二つのことをなしとげます。この方法を正確に実行すれば、あなたはお金を稼ぐためのどんな活動をしても成功を収めることができます。

多くの人は希望に満ちた私のメッセージを受け入れがたいと思うようです。彼らはこんなふうに考えます。

「そんなに簡単に繁栄が手に入るわけがない。成功を収めるためには、こんな方法ではなく、もっと複雑な知識が必要だ。経済的に豊かになるためには約四十年間にわたって苦しい戦いを続けなければならない」

これは完全に間違っています。相乗方式を実行すれば、お金の悩みをすべて永久に解決することができます。しかも、その変化はあまりにも早く起こりますから、あなたは驚きのあまり目を丸くすることでしょう。

喜んで与えることとアファメーションを組み合わせれば、お金は必ずあなたの人生に流れてきます。相乗方式はすべての人に恩恵をもたらします。

「相乗方式」は宇宙の法則

あなたが何をするかに関係なく、宇宙の法則がつねに支配しています。この法則を自分の人生に適用するなら、恩恵を受けます。この法則を自分の人生に適用しないなら、ずっと経済的困窮を続けるはめになります。

あなたは自分が何でも知っていると思っているかもしれません。もしそうなら、なぜ自分の運命を呪《のろ》うばかりで、適切な改善策を実行しないのでしょうか?

自分の疑念に惑わされて、私の言っていることが信じられないかもしれません。もしそうなら、とても残念です。あなたはこれからもお金の悩みを抱えて生きていくことになります。

それとは対照的に、心を開いて「相乗方式」を試してみようと思っている人には、私は最大の敬意を示します。あなたは人生のすべての分野で繁栄を享受することができます。いつも恩恵を得ることができます。お金の心配とは無縁の自由な生き方をすることができます。大いなる野心をもって新しい人生の門出を祝ってください。

「相乗方式」を始めるためのお金がないと言わないでください。そんなにたくさんのお金はいらないのですから。

「相乗方式」を実行するには努力が必要だと言わないでください。努力はまったくいらないのですから。

「相乗方式」を実行する時間の余裕がないと言わないでください。毎日ほんの数分でいいのですから。

「相乗方式」が複雑だと言わないでください。六歳の子どもでも実行できますし、現に多くの子どもが実行しているのですから。

人生に完全に満足しているから、他に望むものは何もないと言わないでください。それは単なる自己欺瞞《ぎまん》ですから。

ほとんどの人は生きる準備ばかりして、実際に生きていない。

この格言はあなたにあてはまりますか？

もしそうなら、すぐに実際に生きてください。新しい人生を切り開いてください。ぐずぐずしている理由はどこにもありません。

この原則こそが幸せの秘訣《ひけつ》です。今、あなたは行動を起こさなければなりません。

人生を変えるときがついに来ました。始めるのに今ほどよいときはなく、今ほど簡単なときはありません。今がこれまでの人生でもっとも貴重な瞬間です。この瞬間を大切にしてください。新しい人生がこれから幕開けするのですから。

すべてがどんどんよくなります。あなたはもうすぐお金の悩みから解放されます。

この瞬間、あなたは新しい人生を歩むことになります。楽しくて快適な人生です。あなたは幸せと豊かさを実感することでしょう。

第12章

「永久にお金の悩みを解決する」Q&A

ここに収録したのは、本書の内容についてもっともよく聞かれる質問です。これらの質問と回答は、実際に話し合ったことにもとづいています。あなたが抱いている疑問に答えることができれば幸いです。

「お金を引き寄せる力」を最大化する

Q あなたは「思いが現実をつくり出す」と言っています。しかし、それが真実だとどうやって知ることができますか？　それを証明する方法はありますか？

A はい。それを証明する方法はたくさんあります。引き寄せの法則は否定できないもので、どのような調査でも実証することができます。近年、科学者たちは思いが現実に影響を与えることを示す膨大な根拠を発見しています。

Q それを信じたいのですが、どうすればそれを証明できますか？

A 科学的な根拠も大切かもしれませんが、直感的に現象をとらえるほうがはるかに大切です。数千年間、直感力の鋭い人たちは、思いが現実をつくることを知っていました。実際、東洋のさまざまな哲学は文明の夜明け以来、この原理を教えてきました。
しかし率直にいうと、そんなことはどうでもいいのです。他人がどう言おうと、あなたにとってもっとも説得力のある証拠は、この原理を自分で体験することです。アファメーションを実行してみてください。いったんそれをすれば、科学で証明されているとか哲学者が賛成しているといったことはどうでもよくなるはずです。
潜在意識のレベルで自分の思いを変えれば、人生が変わることを目の当たりにすることができます。あなたの世界は根底から変わります。自分では変えることができないと思っていたことも含めてです。それをあなたの証明にしてください。

Q もし私がこの理論を信じなかったらどうなりますか？

A あなたはそれを信じる必要はありません。思いが現実をつくり出す力をもっているという事実を受け入れたくないなら、それでもかまいません。しかし、信じようと信じまいと、あなたの潜在意識は現実に影響をおよぼす力をもっています。したがって、あなたは自分に恩恵をもたらすためにその力を活用することができます。

Q 潜在意識はどのように現実をつくり出すのですか？

A それは私にもよくわかりません。しかし、私はそれが効果的だということを知っています。私にとってはそれで十分です。潜在意識は人間の論理では計り知れないやり方で宇宙の力を引き出し、イメージを現実に変えていきます。

あなたの心は、イメージを現実に転換していく秘密のプロセスを知っています。私はその詳細を知りませんが、それでいいと思っています。

私は引力がどうやって働くのかを知りませんが、引力が働くことを知っています。それと同様に、あなたはこのやり方がどうやって働くかを知る必要はなく、それが働くことを知りさえすればいいのです。試してみればわかります。

Q もし私がこの方法を試したくないとしたらどうでしょうか?

A それでもかまいません。本書で紹介している方法にかかわらないと決めるのは、あなたの自由です。

しかし、私は断言します。自分で気づいているかどうかに関係なく、好むと好まざるとにかかわらず、あなたはすでにそれを実行しています。おそらく、あなたはこれまでずっと、お金の欠如、成功の欠如、幸せの欠如をイメージしてきたはずです。もし苦しい人生をイメージするなら、これからもずっとそういう人生を送るはめになります。

あなたは自分の世界の創造者です。あなたは潜在意識を通じて自分の運命を形づくっています。よきにつけ悪《あ》しきにつけ、あなたは自分が暮らす世界の風景をデザインしているのです。あなたが人生で経験することは、心の中で抱いているイメージと一致します。潜在意識の中で抱いている思いを、あなたは今こうして人生の中で現実にしているのです。

Q それを止める方法はありますか？

A いいえ、ありません。この考え方を信じたくなければ信じなくてもいいのですが、好むと好まざるとにかかわらず、事実は事実です。

よく聞いてください。私がここで明かしている秘密は、ほとんどの人が知らない法則です。この法則は、よくも悪くも、つねにあなたにあてはまります。自分がおかれている状況をよく見てください。今、あなたの人生はどんな具合ですか。あなたがこの質問にどのように答えようと、あなたの現在の人生はあなたの思いの結果です。あなたが現在のような状況にあるのは、あなた自身が潜在意識の中で抱いているイメージによるものです。

しかし、この事実を恐れる必要はありません。物事がどのように働くかを知れば、力を得ることができるからです。この知識を活用してください。いつでもどこでも活用することができます。

Q アファメーションは効果的ですか？

A もちろんです。アファメーションは潜在意識を再構築するためのもっとも効果的な方法です。人生を変えるためには、潜在意識を再構築する以外にありません。他の方法は、もしそれが効果をあげるとすれば、心の仕組みに影響をおよぼす範囲内で効果があるというだけです。

Q お金を稼ぐ効果的な方法は他にもいろいろありますよね？

A はい、そのとおりです。ただし、あなたの心が協力してくれれば、の話です。たとえば、不動産販売を始めて成功し、大金を得たとしましょう。その場合、成功した本当の要因は潜在意識です。あなたは「不動産販売はすばらしいビジネスだ」と思い、潜在意識の中で「これなら確実に儲《もう》かる」と信じました。はた目には不動産販売がお金を呼び込んだように見えますが、そうではありません。同じことをして失敗した人がたくさんいるはずですから。成功するためには、まず潜在意識のレベルで成功を「予想」しなければなりません。潜在意識に働きかけて影響をおよぼすうえで、アファメーションはもっとも効果的な方法です。

Q アファメーションが効果を発揮するためには、それを信じる必要がありますか？

A いいえ、とにかく実行すればいいのです。アファメーションは他の方法と違って初期の段階で信じる必要はありません。

他のいくつかの方法は「まず信じれば、結果はあとからついてくる」と主張します。当然、「どうやって信じればいいの？　それに必要な信念をどうやってもてばいいの？」と聞き返したくなるはずです。この問いに対する満足のいく回答を得たことがありません。

私はそれとは対照的に、「まずアファメーションを実行すれば、結果はあとからついてくる」と主張しています。

これがアファメーションのすばらしさです。いったん実行すれば、成果を得ることができるのですから。そのあとで、おのずと「これは信じられる」という気持ちになります。そうすれば、信じる必要があるかどうかという議論は意味がなくなります。

Q アファメーションは定期的に変えるべきですか？

A もともとそんな意図がなくても、アファメーションを定期的に変えることになります。アファメーションを修正していくのは正常なことです。

ティムはやせたがっていました。アファメーションを紹介したとき、体重が一一〇キロあり、理想体重をたずねると「八五キロ」と答えました。そこで「体重八五キロ」とアファメーションに書くよう提案したところ、彼は「八五キロはむずかしいので、まずは妥当な線で一〇〇キロをめざしたい」と言いました。目標達成に失敗して落胆したくなかったからです。私は「何でもできるよ」と言ったのですが、ティムは疑っていました。そこでまず、一〇〇キロをめざすアファメーションから始めることにしました。

すると、ティムはたちまちやせて一か月以内にアファメーションを修正し、「私、ティムは、現在九〇キロだ」と唱えました。その後、九〇キロという目標を達成したとき、アファメーションをさらに八五キロに修正し、それも達成しました。

ティムは理想体重をかなり低く設定していたことに気づき、自分の本当の理想体重は八〇キロだとわかって新しいアファメーションをつくりました。現在、彼は七五キロで、他の目標を達成するためにアファメーションを活用しています。

Q あなたのアファメーションを教えてください。私があなたと同じものを使うのがなぜよくないのですか?

A 人はみな違いますし、どの人の欲求も違うからです。あなたは他の誰とも違います。「金持ち」とか「成功」という一般的な欲求ですら、自分に合った形で具体的に表現する必要があります。

このやり方が効果的な理由の一つは、自分の本心を突き止め、本当に欲しいものを見極めることができるからです。あなたは自分という個性豊かな人間が人生で何を手に入れたいかを詳細に決定する必要があります。

巻末付録はアファメーションの具体例を収録しています。しかし、このリストは独自のアファメーションを作成するための参考資料です。したがって、このリストのアファメーションをそのまま使うべきではありません。

Q なぜアファメーションを実行しなければならないのですか？　ポジティブに考えるだけではいけませんか？

A あなたの目標は潜在意識に植えつけられたイメージをコントロールすることだという事実を思い出してください。アファメーションを書いて読むテクニックは、そのためのもっとも効果的な方法です。

潜在意識のレベルで「ポジティブに考える」ことができるかというと、私はそんなことはできないと思っています。顕在意識のレベルではポジティブに考えることができるでしょうが、それでは不十分です。

顕在意識はあなたをだまして変化しているように見せかける方法を知っていますが、潜在意識はずっとそのままの状態です。アファメーションは潜在意識にじかに影響をおよぼすもっとも確実な方法です。

Q **同じことを自分に何度も言い聞かせて書くのはバカげているように感じます。この気持ちはどうすればいいでしょうか？**

A 気にする必要はありません。アファメーションを何度も読んで書いてください。

あなたが「アファメーションなんてバカげている」と感じる気持ちはわかります。これはむしろ正常なことです。このテクニックが効果抜群だということをまだ信じていないだけのことです。しかし、我慢してやってみてください。少し成功すれば、アファメーションがバカげているという気持ちは消えます。それ以外に方法はありません。

Q **あなたは「何かを予想すれば、それが起こる」と言います。しかし、私の経験では、何らかの結果を予想しても、ときには別のことが起こります。これには戸惑いを感じるのですが、どういうことでしょうか？**

A 「意識的に予想していること」と「無意識に予想していること」は違います。潜在意識に植えつけられたイメージだけが無意識の予想につながり、それが現実になるのです。たいていの場合、あなたは自分が何かを無意識に予想していることに気づいていません。しかし、それは意識的に予想していることと違っていることがよくあります。

たとえば、野球をしていて、あなたの打順が回ってきたとします。あなたはヒットを打つことを予想していました。それまでの数打席で一回ヒットを打ちましたから、あなたは自分がヒットを打っている様子をイメージすることができました。そしてボールを強打するつもりでしたが、あいにく三振してしまい、がっかりしてダッグアウトに引き揚げます。いったいどうしてこんなことになったのでしょうか?

その答えは単純明快です。あなたの潜在意識は三振を予想していたのです。あなたの顕在意識はヒットを予想していましたが、潜在意識の奥底には自分が三振するイメージが植えつけられていました。あなたはそれに気づいていなかったのです。意識的にはヒットを予想していたのですが、無意識に三振を予想していたというわけです。あなたは潜在意識で予想していることを手に入れることになります。この原則には例外はありません。

たいていの場合、あなたは潜在意識が何を予想しているか、そしてその予想をコントロールするにはどうすればいいかを知りません。だからこそアファメーションが効果的なのです。アファメーションは顕在意識を迂回《うかい》し、潜在意識にじかに働きかけます。

Q 望んでいるイメージが潜在意識に植えつけられているのかどうか、どうすればわかりますか?

A それを知る唯一の方法は、結果を判定することです。潜在意識を検証しようとしたところで、それを知ることはできません。ポジティブな変化が起きているかどうかを見極めてください。人生が好転しているのを目の当たりにすれば、はっきりわかります。

Q あなたは「すでに成功しているように振る舞うべきだ」とか「金持ちのように振る舞いなさい」と言いますが、それは単なる見せかけではありませんか？

A それは最初だけです。行動パターンと考え方には密接な関係があります。行動のメッセージは潜在意識に浸透します。まもなく、あなたは自分が振る舞っているような人物になります。そのあとの振る舞いは、もう見せかけだけではありません。

そもそも、あなたは生涯を通じてずっと何らかの振る舞いをしてきました。ただ、その振る舞いが貧しそうだっただけです。何らかの振る舞いをするなら、金持ちのように振る舞ったほうがいいでしょう。振る舞いが単なる見せかけであってもかまいません。ここであなたに質問です。あなたの振る舞いによって被害をこうむる人は誰ですか？

Q この方法は単なるポジティブ・シンキングではありませんか？

A それは違います。アファメーションは単なるポジティブ・シンキングの域をはるかに超えています。アファメーションは潜在意識のもっとも深いレベルに到達します。しかし、いくらポジティブ・シンキングを実行しても、人生は変わらないことに気づくでしょう。

ポジティブ・シンキングは、あなたが望んでいるダイナミックな結果を生み出すにはたいてい不十分です。その理由は、あなたは心の中の思いをすべて足したものだからです。たとえ古い思いを意識的に抱かなくなって時間がかなり経過していても、あなたはその影響を受けることになります。どんなにポジティブ・シンキングを実行しても、古い思いが刷り込まれている潜在意識の奥底には到達しませんが、アファメーションならそれができます。アファメーションを毎日実行することによって、あなたの足かせになっているものの根源に到達することができるのです。アファメーションは問題の根源を打ち壊します。

Q ポジティブ・シンキングは多くの人に効果があります。なぜそれをけなすのですか？

A 私はポジティブ・シンキングをけなしているのではありません。その限界を指摘しているのです。ポジティブ・シンキングにも長所がありますから、それはそれですばらしいことです。

ポジティブ・シンキングは「自分が失敗者で貧乏人だと思うなら、考え方を変えて、自分が成功者で金持ちだと思いなさい」と説きます。でも、どうやってそれをするのでしょうか？

ポジティブ・シンキングには方法論が欠落しています。強い意志力を発揮してポジティブに考えることができるとすれば、それはけっこうなことです。しかし、もしそうでないなら、あなたはいつまでたっても現状から抜け出すことはできません。

たとえば、どんなに「私は金持ちだ」と自分に言い聞かせても、心の中で「とんでもないことを言うな！」と思っているなら、どうやって潜在意識のレベルで考え方を変えればいいのでしょうか？

これがポジティブ・シンキングの限界で、ここからアファメーションが始まるのです。アファメーションのくり返しによって、あなたの言葉は潜在意識に到達し、ポジティブ・シンキングよりもはるかにドラマチックな結果を得ることができます。

「お金を引き離す力」を最小化する

Q あなたは「お金に対する執着を断ち切るべきだ」と主張しています。でも、お金に対する執着とは、お金を大切にすることではないのですか？

A いいえ、まったく違います。お金を大切にしつつ、経済的目標を追求しつづけることは可能です。

表立って変化を起こす必要はありません。唯一の違いは、「執着」を「好み」に高めることです。自分に何が起きてもいいという姿勢を身につければいいのです。喜んで与えることは、心の持ち方を変えるための正攻法です。

Q そういうふりをすることはできませんか？「もうお金に執着していない」と口先で宣言することはできませんか？

A それはできません。心の底から本当にそんなふうに感じなければならないからです。このメカニズムは精緻《せいち》で、誠実な気持ちにだけ反応します。

Q お金に対する執着から解放されるために、喜んで与えること以外に方法はありますか？

A あります。東洋の宗教の多くは、お金に対する執着を弱めるための厳しい戒律を課しています。それ以外にも、瞑想《めいそう》、催眠、自省を促す練習が効果的です。一部のネイティブアメリカンは同様の効果をもつ儀式をとり行ってきました。しかし、これらのテクニックの中で、喜んで与えることがお金に対する執着から解放されるためのもっとも簡単で直接的な方法です。

Q 喜んでお金を与えることによって気分がよくなることは理解できました。しかし、それがお金の悩みを解決することにつながるとはとうてい思えません。

A その気持ちはよくわかります。喜んでお金を与えるというのは矛盾しているように思えますからね、最初のうちは。以前、ある女性が「お金を与えてお金の悩みを解決するなんて、おかしなことを言わないでよ。そんなバカげた話を聞いたことがないわ」と言っていました。その後、彼女はずっとお金で苦労をし、最近、自己破産したそうです。

喜んでお金を与えるというと矛盾しているように思えますから、ほとんどの人はこんな方法を聞いてもすぐに無視します。彼らにとって、喜んでお金を与えることはナンセンスなのです。しかし、そんなことはどうでもいいのです。私は全力を尽くしてこの方法の基本的な仕組みを説明してきました。喜んでお金を与えることによって「執着」を「好み」に高め、お金の流れをよくすることを力説してきました。もうこれ以上の説明はできません。あとは、あなたが喜んで与えることの意義を認めるか、認めないかです。

これを試してみれば、その効果を実感することができます。そうすれば、誰かがあなたに「喜んで与えるなんてナンセンスだ」と言ってきたら、あなたは今の私と同じ立場で、この一見矛盾した方法を説明することになります。相手が理解を示さなければ、あなたは「その気持ちはよくわかりますが、これは真実です」と言うことになるでしょう。

Q　あなたは「収入の一～五パーセントを与えるべきだ」と主張していますが、一パーセントでうまくいくなら、五パーセントも与える必要はないのではないでしょうか？

A　しかし、実際に多くの人はそうしています。私は、最初は収入の一パーセントという低い割合で始めるように提案しています。それはそんなに大きな額ではありません。もし一か月の可処分所得が四十万円なら、喜んで与える金額はたった四千円です。一部の親切な人は善行を施すことに大きな幸せを感じ、この金額を増やしたくなるようです。それはあなたが決めてください。五パーセントを与えるなら、それでいいですし、一パーセントでもかまいません。どちらにしても、寛大な気持ちは自尊心を高めます。

Q 喜んでお金を与えるというのは、金銭管理が下手ということではありませんか？

A 喜んでお金を与えることは無謀な行為ではありません。これは規律を必要とする厳格な行為です。会計士の視点からは金銭管理が下手ということになるかもしれませんが、それがどうしたというのでしょうか。もし最終結果がより豊かで喜びにあふれた生活なら、他人の意見は関係ありません。

Q 個人と団体のどちらにお金を与えるほうがいいのですか？

A この方法の効果に関するかぎり、個人でも団体でも違いはありません。個人に与えるほうがときには簡単で便利ですし、相手の顔を見ることができます。ただし、無分別なことをしないように気をつけてください。たとえば、子どもへのお小遣いは喜んで与えることには含まれませんし、子どもを遊園地に連れていって乗り物の切符を買ってあげても、喜んで与えたことにはなりません。個人に与えるときは、喜んで与えることの意味を的確に判断する必要があります。団体に与えるときは、たいていあっさりしています。お金を送るだけですから。どの個人や団体を対象にするかは自由です。

Q 喜んで与えるというのは宗教っぽい感じがしませんか?

A そんなことはありません。私としては、このやり方を宗教と結びつけて考えてほしくないのです。しかし、あなたがどうしても宗教と結びつけたいと思うなら、それでもかまいません。

たしかに、宗教は与えることの意義を説きますから、この二つが似ていることは認めます。しかし、本書のテーマは宗教ではなくお金です。ただ、慈愛と善意はすべての宗教に共通しています。

Q 慈善活動に寄付することが私にはふさわしくないように思えます。そういうことをするのは金持ちだけだと感じるからです。

A 今、あなたは喜んで与えるべきすばらしい理由を指摘しました。慈善活動に寄付をするのは金持ちだけだと思うなら、あなたは喜んで与えることによって金持ちのように振る舞うことができます。自分は寄付によって世の中の問題を解決するだけの経済力をもつ富裕層の一員だと考えてください。あなたは慈善家の仲間入りをしたことになります。

Q もし喜んで与えるだけの経済的余裕がないなら、どうすればいいのですか?

A それだけの余裕はつねにあります。喜んで与えるために大金が必要になるわけではありません。実入りがどんなに少なくても、あなたには喜んで与えるだけの余裕がつねにあります。たとえ固定給でも、そのうちのわずか一パーセントを差し出す余裕は必ずあるはずです。「喜んで与えるだけの経済的余裕がない」という主張は言い訳です。それが言い訳だということに気づいてください。いろいろな言い訳を思いつくでしょうが、どんな選択をするかはあなた次第です。喜んで与えるという選択肢を選ばないという決定もできます。それでもかまいません。しかし、喜んで与えるだけの経済的余裕がないとは言わないでください。それは真実ではありません。喜んで与えることを始めたいなら、それは必ずできます。

お金の悩みを解決する

Q **お金のためのアファメーションを書くと、お金に対する執着がむしろ強まりませんか？ つまり、欲求が執着につながらないでしょうか？**

A そんなことはありません。「執着」と「好み」はかなり違います。「執着」を「好み」に高めるとすぐにわかります。なぜなら、自分の欲しいものが手に入らなくても気にならなくなるからです。しかもおもしろいことに、この変化をとげると、あなたの欲求は比較的たやすくかなえられるようになります。

重要なことを指摘しましょう。人生で欲しいものに対するアファメーションを書いても、執着が強まるわけではありません。アファメーションが執着につながることはありません。同様に、「執着」を「好み」に高めても、アファメーションの妨げにはなりません。アファメーションと執着はまったく別の働きをするのです。

Q アファメーションと執着の違いをもう一度説明してください。

A アファメーションはポジティブです。欲しいものを明確にイメージし、それを手に入れることができるという自信を深めるのに役立ちます。

一方、執着はネガティブです。心配を引き起こし、何かが手に入らないことを恐れ、たとえ手に入れても失うことを恐れます。執着の場合、欲しいものがなければ生きていけないと思い込んでいますから、強い不安を感じるようになります。

こんなふうに、アファメーションを実行して潜在意識にポジティブなイメージを植えつけている人と、執着のためにおそれおののいている人とでは根本的に異なります。

Q 「期待」についてはどうでしょうか？　あなたは「いいことを期待すべきだ」と主張していますが、期待は執着と似ていませんか？

A いいえ、そんなことはありません。いいことを期待すると、人生に前向きな見通しをもつことができます。期待は希望をはぐくみます。心がうきうきして、よりよい将来が楽しみになります。

一方、何かに執着すると、恐怖心からそれを欲しがるようになります。絶対に必要だと思うものが手に入らないかもしれないので将来を悲観します。そして、もしそれが手に入らなければ、人生は真っ暗になります。

いいことを期待するなら、たとえ欲しいものが手に入らなくても問題は発生しません。何かを期待しているだけなら、それが手に入らなくてもあわてふためくことはないからです。しかし、執着の場合、その対象が手に入らないと悲惨な事態に陥ります。

Q 「相乗方式」を実行するエネルギーはどうやって見つければいいのですか？

A あなたはすでにそれをもっています。ただ、そのエネルギーを集中させればいいのです。あなたは心配などのネガティブな感情に莫大《ばくだい》なエネルギーを注いできました。それと同じエネルギーをアファメーションと喜んで与えることに注いでください。

エネルギーが不足することはけっしてありません。なぜなら、この方法はエネルギーをそんなに必要としないからです。ここでもっとも大切な要素は「エネルギー」ではなく「やる気」です。やる気が足りないようなら、無理にでも始めてください。そのあとは自然にできるようになります。

Q 「相乗方式」が成果をあげるには時間はどれくらいかかりますか？

A それは多くの要素によって異なります。たとえば、潜在意識のイメージはどれだけネガティブか、あなたのお金に対する執着はどれだけ深刻か、現在の苦境に陥るのにどれだけ時間がかかったか、といったことです。

あなたのネガティブなイメージは心の中に深く根ざしています。たぶん幼いころからでしょう。それを取り替えるにはある程度の時間がかかりますから、辛抱してください。同様に、あなたは一夜にして執着をもつようになったわけではありません。それを解きほぐすには多少の時間がかかります。

どれくらいの時間がかかるかという質問に対して、私はできるだけ具体的に答えたいと思います。はっきりした成果をあげるためには、たいてい十日から三か月あれば十分です。成功の最初の兆しは、あなたが思っているよりもたいてい早く現れます。確実にいえるのは、どんなに時間がかかっても、しかるべきときが来れば必ず結果が出るということです。喜んで与えることとアファメーションからなる相乗方式は、他のどんな方法よりも時間がはるかにかかりません。それを適切に粘り強く実行するかぎり、うまくいかなかったケースをたった一度でも見たことがありません。これはかなりすばらしい記録です。

Q そんなに簡単なはずがありません。収入のごく一部を与えて、アファメーションを書いて声に出して読むだけでいいのですか?

A そうです。これはそれくらい簡単です。

Q もしあなたの言っていることがすべて真実で、本当にそんなに簡単なら、これを実行している人はもっと多いはずですが。

A 相乗方式に興味をもたない人がいる理由はたくさんあります。たぶんその最大の理由は、こんなことをするのはバカらしいと感じるからです。周囲の人がどう思うかが気になって恥ずかしいと思うのでしょう。多くの人はこんな風変わりなことをすると自分の価値が落ちてしまうように感じます。端的にいって、ほとんどの人が相乗方式を実行しようとしないのは、常識にとらわれているからです。常識を打ち破る勇気をもっている人は、ごくわずかしかいません。

相乗方式を実行している人が少数派である理由は、この方法がうまくいかないからではなく、ほとんどの人が実行するのをためらうからです。

あなたは、この方法がそんなにすばらしいのなら、口コミで広がって誰かが教えてくれるはずだと考えているでしょう。そうです。だから私は今こうして「この方法は効果抜群です」とあなたに教えているのです。

ぜひこの方法を試してください。つまらない疑念を振り払って、やってみてください。そして、わずかな成功者の仲間入りをしてください。大多数の人は成功を拒否しているのですから、そういう人たちは無視すればいいのです。

Q 私はもう若くないのでたずねますが、この方法を始めるのに年齢的な限界はあるのでしょうか？

A 何歳になっても遅すぎることはありません。年齢に関係なく、人生を好転させて充実した生き方をするための時間は十二分にあります。年齢、性別、地位に関係なく、本書のやり方はあなたにとって最適です。

これは希望に満ちたメッセージです。本書の指示にしたがってやってみてください。このやり方で人生を立て直し、未来を切り開きましょう。

Q もし私がすでに裕福ならどうなりますか？　それならこのやり方は私には必要ないように思いますが、どうでしょうか？

A この方法が必要かどうかは、あなたが決めることです。この二つの方法は単なるツールであり、もしそれを使いたいなら、いつでも自由に使ってください。これはあなたの人生へのお金の流れをよくする証明ずみの方法です。もし興味があれば、使ってください。もし興味がなければ、使う必要はありません。

しかし、もしあなたがすでに裕福であっても、もっと裕福になることができるということをおぼえておいてください。たとえあなたの人生にお金がすでに流れていても、お金の流れをさらによくすることができます。もちろん、この方法を使いたくなければ、それでもかまいません。それはあなたが決めることです。

Q もしすべての人がこのやり方を実行したらどうなるでしょうか？　すべての人が裕福になることはできませんよね？

A さあ、それはどうでしょう。本書が提案するやり方の一つ目はアファメーションです。もしすべての人がアファメーションを実行したなら、誰もが願望をかなえることができます。もしすべての人が裕福になれば、誰もが満ち足りた気分になります。

二つ目の方法の喜んで与えることについてですが、もしすべての人がこれを実行したら、富の再分配が可能になります。政府の関与なしに経済的に平等な社会を実現する画期的な方法です。もし喜んで与えることが日常化すれば、富の一部が社会の低所得者層に徐々に移行します。その結果、法制化なしに全員が満足できる福祉改革が実現します。

もしすべての人がこの方法を実行したらどうなるか、という問いに対する私の答えはこうです。すばらしいことが起きます。地上の楽園が出現するのですから。

Q そのような変化を目の当たりにすることはありえないでしょうね。そんなことはできないのですから。

A ここで断言します。変化は必ず起きます。この潮流をどう方向づけるかは、あなた次第です。あなたの人生が好転するか悪化するかは、あなたにかかっています。あなたは自分の運命の創造者ですから、意のままに未来の舵取《かじと》りができます。座ったままで「できない」と言うのではなく、立ち上がって自分に秘められた力を活用してください。

Q この方法はかなり利己的だと思います。他人を助けることについてはどう思っていますか？ 私が金持ちになるためにがんばるとしたら、恵まれない人たちのためでなければならないと思うのですが、この点についてはどうでしょうか？

A 他人のために善行を施すことは、もちろん立派です。しかしだからといって、自分のためにお金を稼ぐことを軽んじないでください。なぜなら、あなたは財産を築くに値するのですから。

あなたは人生の恩恵をふんだんに受けるにふさわしい人です。あなたが裕福になるのは正しいことです。

この問いのニュアンスから察すると、お金を稼ぎたいと思っていることに後ろめたさを感じているような印象を受けます。たぶん、あなたは自分が利己的で厚かましいと感じているのでしょう。

しかし、そんなことはありません。あなたは裕福になりたいと思うべきです。豊かさはあなたの生来の権利なのです。あなたは豊かな暮らしをする権利をもっています。お金はあなたにとって有益なものです。

Q お金は悪いものだと思います。お金は邪悪の根源ではないでしょうか？

A 人びとはよく、「お金は諸悪の根源だ」と言いますが、これは聖書の誤用です。聖書には「お金を愛することが諸悪の根源だ」と書かれています。

本書では「お金を愛すること」を「お金に対する執着」と表現しています。つまり、お金に執着して拝金主義に陥るから、さまざまな問題が発生するのです。お金そのものは、よいものでも悪いものでもありません。

ほとんどの人は「与えられたものを受け入れ、それ以上を欲するべきではない」と教えられています。しかし、これは不自然な態度です。人はみなもっといいものを求めたいと思っています。その欲求を抑圧し、半ばあきらめながら生きていくこともできますが、よりよい生活を求め、それを手に入れるために行動を起こすこともできます。後者のやり方なら満足感と充実感につながります。

経済的自由を求める気持ちを否定する必要はありません。それは利己的なことではありませんから、後ろめたさを感じないでください。よりよい生活をしたいと思うのはいいことです。

自然な欲求にもとづいて行動を起こしてください。

Q なぜお金についての本を書いたのですか？　お金がすべてではありませんよね？

A そのとおりです。人生にはお金よりも大切なことがいくらでもあります。しかし、老若男女を問わず、あまりにも多くの人がお金に振り回され、無力感にさいなまれているのが現状です。その場合、まず経済状態を改善しないかぎり、他のことに関心を向けることができません。私はそう思ってお金についての本を書いたのです。

ただ、あなたは気づいていないかもしれませんが、本書のテーマはお金に限定されるわけではありません。本書の原理はあらゆることに応用できるのです。アファメーションを実行すれば、どんな目標でも達成できます。喜んでお金を与えることは、世の中をよりよくするポジティブなエネルギーとして使うことができます。本書の情報を活用すれば、お金の悩みをすべて解決することができますが、それ以外にも多くのことができます。

Q お金を稼ぐ方法が書かれた本を読んだ人を知っています。その人はその本の指示どおりに実行したのですが、何も起こらなかったそうです。なぜでしょうか？

A その本は本書とはまったく違います。私の知るかぎり、これは喜んで与えることとアファメーションという二つのテクニックを組み合わせた唯一の本です。他の本にもそれに類することが部分的に書かれていますが、本書はこの二つのテクニックを存分に活用することを説いています。

Q あなたの本は他の多くの本と違って実利的な傾向が強すぎるように思います。欲しいものを手に入れるとか、そういったことばかり力説しています。お金では幸せを買えません。それについて、どう思いますか？

A お金では幸せを買えないというのは、そのとおりです。しかし、お金の悩みから解放されれば、好きなことをして幸せを追求することができます。

多くの人にとって、お金は悩みの種です。しかし、他の人たちにとっては、お金は喜びの泉です。あなたがどちらに該当するかは、あなた次第です。たとえば、お金とどんな関係をもち、どんなふうに使うか、といったことです。

本書が他の多くの本と違っているという指摘については、そのとおりだと思います。運命を受け入れて心の平和を手に入れ、低い生活水準で満足し、お金に意識を向けずに精神的な満足を得る方法を説く本はたくさんあります。本書はそういう本ではありません。

たしかに、そういう考え方は意義深いのですが、本書はそれとは一線を画しています。しかし、もしあなたがお金を引き寄せる力を最大化し、お金を引き離す力を最小化するなら、それらの本がめざしているのと同じ心の平和が得られます。やがて、あなたは精神的な満足感を得る独自の境地に達することでしょう。

終章

頭でわかっていても実行しないと意味がない

何かについて読んだからといって、その内容を証明したことにはなりません。読んだことを実行して初めて、それが効果的かどうかを知ることができます。「目の前のプリンがおいしいかどうかは、食べて初めてわかる」のです。どんなに理論を振り回したところで、結果には遠くおよびません。

いよいよ「相乗方式」を実行して、それが効果的かどうかを知るときが訪れました。それを証明する唯一の方法は、「相乗方式」を実行することです。ぜひ試してください。

人生最後の日、われわれは今まで読んできたことではなく、今まで実行してきたことを問われる。

——トマス・ア・ケンピス（ドイツの思想家）

もちろん、いろいろと言い訳をすることはできるでしょう。本書の内容が真実ではないと主張するために「論理」を駆使することもできるでしょう。しかし、私にはそんなことはどうでもいいのです。

本書の指示どおり実行しさえすれば、あなたの「論理」は無用になります。これはいくら強調してもしすぎることはありません。

とにかく実行してください。そうすれば、効果を実感することができます。試してみないかぎり、私の言っていることを評価することはできません。

あなたは本書の方法を実行しないと決めているかもしれません。もしそうなら、効果があるとかないという議論をしても意味がありません。もし確かめたければ、試してください。本書の指示どおり実行すれば、お金の悩みを永久に解決することができます。これは真実です。

もしすべての反対を事前に乗り越えなければならないなら、どんなこともなしとげることができない。

——サミュエル・ジョンソン(イギリスの批評家)

私はあなたのためにドアを開けました。お金の悩みとは無縁の自由な人生につながっているドアです。しかし、あなたはこのドアを自分の意思で通り抜けなければなりません。ぐずぐずせずに、今すぐ第一歩を踏み出してください。大切なことをずっと先延ばしにしていると、いずれ取り返しがつかないことになります。

あまり長く待ちすぎると、あなたの情熱は薄れ、やがて消えてしまいます。しかし、もし今すぐに行動を起こせば、未来はあなたのものです。

今すぐに始めれば、それだけ早く新しい人生を手に入れることができます。難解な理論や科学的な説明には大きな意味はありません。まず自分を納得させましょう。それをする唯一の方法は、この方法を試して何が起こるかを体験することです。読んでいるだけではいけません。それが実際に役立つことを自分で体験してください。やってみれば、必ずわかります。

ゲームで勝ちたいなら、全力でプレーしなければならない。たとえバカバカしいと感じ、うまくいかないかもしれないと思っても、それを試してみなければならない。

——アンソニー・ロビンズ（自己啓発の講演家）

本書で読んだ情報を無視して今までどおりに生きつづけるか、相乗方式を実行するか。あなたはどちらでも選ぶことができます。

あるいは、第三の選択肢もあります。どちらも選ばずに、ぼうっとしていることもできます。しかし、たとえその選択肢を選んでも、私の言葉はあなたの頭の片隅に残るはずです。おそらく、本当は何かをすべきだと思っているのに何もしていないという落ち着かない気分になるでしょう。いつか、もしかすると数年後かもしれませんが、この優柔不断な気分に耐えきれなくなって、この方法を試してみようという気になることでしょう。

たとえしばらくのあいだ「相乗方式」を実行しないことに決めたとしても、本書を身近な場所に保管しておくことをおすすめします。いつかその気になって本書を引っ張り出し、もう一度読みたくなるかもしれません。

成功と失敗を分ける大きな違いは、「忙しくて時間がなかった」と言うかどうかだ。

——ヘンリー・ダベンポート（イギリスの作家）

「相乗方式」を実行すると、大きな驚きを経験することになります。私はワクワクしています。あなたの手をぐっと握って、この方法を無理やり実行させたいくらいです。そうすれば、わかってもらえるでしょう。

もちろん、こういう言い方をしているのは、この方法の価値を伝えたいからで、本気でそう思っているわけではありません。あなたは自由意思をもっていますから、それにおまかせします。私にできるのは事実を提示するだけです。あなたがその事実をもとにどうするかは、あなたが決めてください。

あなたが本書を読んでも行動を起こさない可能性もあります。だから、どうすればあなたを説得できるかを考えているのですが、結局、私にはそれはできません。決定権はあなたにあります。私はあなたがただちに行動を起こすことを期待するだけです。

この情報が真実かどうか知りたいと思いませんか?

それにはやってみる以外にありません。

もしあなたが疑っていても、私はそれを非難しません。疑うことは健全な好奇心の証しですから。

あなたがこの瞬間にどんな感情を抱いていても、「相乗方式」を実行するかどうかはあなた次第です。私は自信をもって相乗方式をおすすめします。もし仮に私が間違っていても、あなたは何も失いません。しかし、もし私が正しければどうなるでしょうか?

つぼみを固く閉ざしていることの苦しみが、つぼみを開くことの苦しみよりも大きくなるときがやがて訪れる。

——アナイス・ニン（フランス生まれの作家）

あなたが本書の情報をどう扱うかに関係なく、私は有意義で影響力の強い方法を伝授したと確信しています。時間をとって本書を読むだけの価値は十分にあります。

本書でお金の悩みを永久に解決する生き方を示しました。これから待ち受けているすばらしいことを体験してください。もし私の提案にしたがうなら、あなたは一年後にすっかり別人になっていることでしょう。

これで私は自分の役割を果たしました。

あとはあなた次第です。

巻末付録

アファメーションの具体例はこれだ！

ここで紹介するのはアファメーションの具体例です。ただし、あくまでも参考ですから、そのまま使う必要はありません。効果をあげるためには、これらのアファメーションを少しアレンジしてオリジナルなものを作成してください。

アファメーションの具体例をカテゴリー別に紹介します。すなわち、お金、所有物、職業、健康、家屋、家族、人間関係、生活信条、自尊心、繁栄です。

［お金］

私、（　　　　）は、好きなことをしてお金を引き寄せる。

私、（　　　　）は、毎月きちんと貯金をしている。

私、（　　　　）は、一億円の銀行預金をもっている。

私、（　　　　）は、一億五千万円相当の資産をもっている。

私、（　　　　）は、お金の悩みから解放されている。

私、（　　　　　）は、いつもお金に恵まれている。
私、（　　　　　）は、何をしても成功して財産を築く。
私、（　　　　　）は、経済的にゆとりのある生活を送っている。
私、（　　　　　）は、毎日どんどん金持ちになっている。
私、（　　　　　）は、お金の問題を解決し、心の平和を得ている。

［所有物］

私、（　　　　　）は、セントジョンのシークエンガウンを着ている。
私、（　　　　　）は、フェニックス郊外に四万平方メートルの土地を所有している。
私、（　　　　　）は、最新の大容量のｉＰａｄをもっている。
私、（　　　　　）は、全長七メートルのヨットを所有している。
私、（　　　　　）は、欲しいものを買うだけのお金をもっている。

［職業］

私、（　　　　　）は、自分の仕事が大好きだ。
私、（　　　　　）は、同僚に称賛される仕事をしている。
私、（　　　　　）は、コンサルティングの仕事で成功している。
私、（　　　　　）は、二百万円の昇給を勝ち取っている。

私、（　　　　）は、マイヤー&アソシエーツの主任研究員を務めている。
私、（　　　　）は、いつも顔に笑みを浮かべて出勤している。
私、（　　　　）は、人びとを助ける仕事をしている。
私、（　　　　）は、フォックス映画社に採用される脚本を書いている。
私、（　　　　）は、安定した仕事に就いている。

［健康］

私、（　　　　）は、いつもエネルギッシュだ。
私、（　　　　）は、毎晩ぐっすり寝ている。
私、（　　　　）は、理想体重の七〇キロを維持している。
私、（　　　　）は、すべての食事を楽しんでいる。
私、（　　　　）は、毎月の生理が順調だ。
私、（　　　　）は、健康そのものだ。

［家屋］

私、（　　　　）は、暖炉のある郊外の家に住んでいる。
私、（　　　　）は、花が咲き乱れる美しい庭のある家に住んでいる。
私、（　　　　）は、モホーク社のカーペットを敷き詰めた家に住んでいる。

私、（　　　　）は、アンティークの家具のある家に住んでいる。
私、（　　　　）は、家の中で過ごすのが大好きだ。

［家族］

私、（　　　　）は、家族を養うだけの経済力をもっている。
私、（　　　　）は、よい子どもに恵まれている。
私、（　　　　）は、配偶者の愛情と支援に恵まれている。
私、（　　　　）は、配偶者を満足させている。
私、（　　　　）は、配偶者を尊敬し、心から愛している。
私、（　　　　）は、両親に理解してもらっている。

［人間関係］

私、（　　　　）は、ジムとボニーと仲よくしている。
私、（　　　　）は、アンドリューと円満な関係をはぐくんでいる。
私、（　　　　）は、ヘザーとの交際を大切にしている。
私、（　　　　）は、すばらしい人たちを自分の人生に引き寄せる。
私、（　　　　）は、どんな約束も必ず守る。
私、（　　　　）は、周囲の人たちをあるがままに受け入れる。

私、（　　　　　　）は、出会うすべての人のよい面を見る。
私、（　　　　　　）は、いつも周囲の人から大きなエネルギーを得ている。
私、（　　　　　　）は、愛を与えるのも受け取るのも無条件で行う。
私、（　　　　　　）は、近所の人たちと良好な関係を維持している。

［生活信条］

私、（　　　　　　）は、自分の人生の目的を知っている。
私、（　　　　　　）は、すぐに決断をくだす。
私、（　　　　　　）は、自分の人生に責任をもっている。
私、（　　　　　　）は、自分について新しいことを発見する。
私、（　　　　　　）は、いつでもしたいことを自由にする余裕がある。
私、（　　　　　　）は、快適な人生を送っている。

［自尊心］

私、（　　　　　　）は、他の人たちと同じくらいすばらしい人間だ。
私、（　　　　　　）は、いつも自信にあふれている。
私、（　　　　　　）は、両親のこれまでの言動を許す。
私、（　　　　　　）は、愛と幸せと成功に値する存在だ。

私、（　　　　）は、成功するのに必要なモチベーションとスキルをもっている。

私、（　　　　）は、自分を理解し愛している。

私、（　　　　）は、強い性格をもち、積極的に行動する。

私、（　　　　）は、周囲の人の尊敬を得る。

【繁栄】

私、（　　　　）は、物心両面で豊かな生活を送っている。

私、（　　　　）は、情熱にあふれた人生を謳歌《おうか》している。

私、（　　　　）は、いつもエネルギッシュに生きる。

私、（　　　　）は、周囲のすべての人から大きなエネルギーを得る。

おわりに

本書を書いた理由を説明します。

何年も前、ある人が本書の原理のいくつかを教えてくれました。おかげで私の人生はすっかり変わりました。その人には今でも感謝しています。少し前にこの世を去ったのですが、彼は私の心の中でいつまでも特別な場所を占めることになるでしょう。

私が本書を書いたのは、自分が伝授してもらった知識を多くの人と共有するためです。あなたは本書で紹介した考え方を今回初めて知ったかもしれません。もしそうなら、いつか私はあなたの心の中で特別な場所を占めることになるでしょう。

本書の方法を実行すれば、「お金を引き寄せる力」を最大化し、「お金を引き離す力」を最小化することができます。

たった一人の人生でも改善するお手伝いができるなら、精魂込めて本書を書き上げた甲斐《かい》がありますす。しかし、もし多くの人のお金に関する悩みを解決するのに役立つなら、それはもっとうれしいことです。

もし大勢の人がお金の悩みを解決したら、世の中がどうなるか想像してください。

本書が貧困、失業、犯罪率、世界経済にどんな影響をおよぼすか想像してください。

私はすべての人が裕福になることを望んでいます。

「そんな途方もない夢をもってどうするの？」と言う人もいるでしょう。しかし、私はいつも目標をかなり高めに設定するようにしています。

あなたもそうしてくれることを願ってやみません。

ビクター・ボック

ファイナルメッセージ

年老いた賢者が若者といっしょに公園の中を歩いていました。突然、賢者は身をかがめて一粒のドングリを拾い上げ、若者に「何が見える?」とたずねました。

若者はそのドングリを見ながら言いました。

「ははあ、リスの食べ物と答えたら不合格でしょうね」

賢者はほほえみながらうなずきました。

若者は歩きながら答えを考えつづけました。そして、立ち止まって賢者のほうを向いて言いました。

「わかりました。このドングリが大きなカシの木に成長しているのが見えます」

「すばらしい!」賢者は言いました。「君の洞察力をほめてあげよう」

若者は賢者の前で答えを導き出したことに感激し、誇らしい気分になりました。

少しすると、賢者は静かな声で若者に言いました。

「じつは、私には別のものが見える」

「えっ?」若者は驚いて言いました。「このドングリを見て何が見えるのですか?」

賢者は深く息をしながら目を閉じて言いました。

「私には森が見える」

訳者あとがき

この本は『How to Solve All Your Money Problems Forever（すべてのお金の悩みを永久に解決する方法）』の二〇一三年に刊行された最新版の翻訳です。著者のビクター・ボックはアメリカのライフコーチで、経営コンサルタントとラジオ司会者としても活動するほか、新聞や雑誌の人生相談のコラムを執筆しています。

この企画は、訳者が最新版の刊行後にネット書店で原書を入手したのがきっかけです。一読して著者の深い洞察力と大きなビジョンに感銘を受けました。

テーマは「お金」ですが、広い意味では「生き方」についての本で、一九九六年に初版が刊行されて以来、約二十年にわたる全米ベスト&ロングセラーになっています。

参考までに、アメリカの各界で活躍する著名人の賛辞をご紹介いたします。

「すべての人が読むべき究極の一冊」イアンラ・ヴァンザント（作家、テレビ司会者）
「万人が実行すれば、政治は不要になる」ラルフ・ネーダー（弁護士、元大統領候補）
「人生の旅にぴったりの素敵なガイドブック」アリー・シーディ（女優）

「社会全体が必要としている稀有《けう》な本」アンソニー・ダルマン・ジョーンズ（教育者）
「誰もが探し求めている成功の秘訣《ひけつ》」リチャード・バートラム（実業家、大富豪）
「熟読して活用すれば、数百万ドルの値打ちがある」ネルソン・ロドリゲス（実業家）
「誰もが受けるべきお金の名講義」ポール・チャップマン（実業家）
「宝物として大切にしたい名著」スティーブ・チャンドラー（経営コンサルタント）
「お金の流れをよくするためのもっとも確実な正攻法」ジム・レナード（思想家）
「人類への贈り物であり、世の中をよくする快挙」ケン・キース（作家）
「五十冊以上の価値があり、畏敬《いけい》の念すら抱く」ジェイ・レビンソン（マーケッター）

これは人生観を根底からくつがえす本だと思います。もっと早く読みたかったというのが率直な感想ですが、出合うことができただけでもよかったと感謝しています。

幸い、サンマーク出版編集部の武田伊智朗さんにご相談申し上げたところ、すぐに翻訳出版が決定しました。この本が読者のみなさまのお役に立つことを願っています。

HOW TO SOLVE ALL YOUR MONEY PROBLEMS FOREVER by Victor Boc
Copyright © 2013 by Victor Boc
Japanese translation rights arranged with Victor Boc through InterRights, Inc., Tokyo

【著者】
ビクター・ボック（Victor Boc）

アメリカのライフコーチ。無一文から身を起こし、ラジオ番組のパーソナリティーとして頭角を現す。AP通信が選ぶ「最優秀トーク番組司会者賞」と「最優秀コメンテーター賞」を受賞。能力開発と人材育成にも携わり、20年以上にわたって全米で企業研修と講演活動を行う。また、新聞や雑誌に人生相談のコラムを執筆して好評を博す。人びとのお金の悩みを解決し、心の平和を得るのを手伝うことを信条として活動する。趣味は自然の中を散策すること。現在、家族とともにオレゴン州在住。

【訳者】
弓場 隆（ゆみば・たかし）

翻訳家。最近の主な訳書に『金持ちになる男、貧乏になる男』『メタボになる男、ならない男』（ともにサンマーク出版）、『うまくいっている人の考え方 完全版』（ディスカヴァー・トゥエンティワン）、『一流の人に学ぶ自分の磨き方』（かんき出版）、『「人の上に立つ」ために本当に大切なこと』（ダイヤモンド社）などがある。

すべてのお金の悩みを永久に解決する方法

2014年3月10日　初版印刷
2014年3月20日　初版発行

著　者　ビクター・ボック
訳　者　弓場 隆
発行人　植木宣隆
発行所　株式会社サンマーク出版
〒169-0075 東京都新宿区高田馬場2-16-11
電話　03-5272-3166
印　刷　株式会社暁印刷
製　本　株式会社若林製本工場

定価はカバー、帯に表示してあります。落丁、乱丁本はお取り替えいたします。

ISBN978-4-7631-3367-0　C0030
ホームページ　http://www.sunmark.co.jp
携帯サイト　http://www.sunmark.jp

サンマーク出版のベストセラー翻訳書

金持ちになる男、貧乏になる男

スティーブ・シーボルド［著］　弓場 隆［訳］

本当にお金持ちになりたい人だけ、手に取ってください。
数百人の億万長者に聞いてわかった、金持ちになる100の秘訣!

四六判並製／定価＝本体1500円＋税

第一章　お金の本質を理解しているか?
第二章　お金に対して偏見をもっていないか?
第三章　自分には稼げないと思い込んでいないか?
第四章　自分を信じて努力しているか?
第五章　積極的にチャンスをつかもうとしているか?
第六章　お金に対して罪悪感をもっていないか?
第七章　子どもにお金の重要性を教えているか?
第八章　自分に投資しているか?

＊電子版はKindle、楽天〈kobo〉、またはiPhoneアプリ（サンマークブックス、iBook等）で購読できます。